KB150812

수학 1등급 로드맵

명문 대학으로 가는
최상위 수학 공부 전략

수학1등급
로드맵

김현정 지음

MATHEMATICS

브리드북스

저는 흔히 말하는 수학머리가 있는 학생은 아니었습니다. 수학을 좋아하기는 했지만 어려운 심화 문제가 나오면 깊이 고민하기가 쉽지 않았고 영락없이 틀렸습니다. 선생님이 문제를 풀어 주실 때는 아는 것 같았지만 막상 혼자 힘으로 문제를 풀려고 하면 막히는 경우가 많았습니다. 김현정 선생님의 수업은 제가 어렸을 때부터 배웠던 수업과는 조금 달랐습니다. 선생님께서는 문제를 많이 풀라고 시키지 않았습니다. 배운 개념들을 직접 말로 설명해 보라고 하시거나 빈 종이에다가 아는 대로 다 써 보게끔 하셨습니다. 처음에는 익숙한 방법이 아니었기에 어려웠습니다. 하지만 차츰차츰 배운 개념들과 공식들을 직접 써 보면서 정리하니 제가 어떤 개념은 정확하게 알고 어떤 개념은 자주 헷갈리는지 알 수 있었습니다. 직접 써 본 것은 잘 까먹지 않게 되었고 확실하게 안다는 느낌을 받았습니다. 그래서 그 개념이 적용되는 문제가 나오면 주저하지 않고 자신있게 풀게 되어 점점 성적이 올랐습니다. 수학에 흥미는 있었지만 어려운 문제가 나오면 자신감을 잃어버리곤 했는데, 제대로 된 방법으로 공부를 하니 어려운 문제도 점점 잘 풀고 점수도 올라가며 자신감을 얻게 되었습니다.

저는 중요한 시기에 김현정 선생님을 만나 수학 공부 방법을 알게 된 것이 큰 행운이라고 생각합니다. 지금은 학교를 다니며 수학 과외를 하면서 제가 직접 효과를 보았던 김현정 선생님의 수학 공부 방법으로 학생들을 가르치고 있습니다. 저는 수학을 배우는 모든 학생이 그저 '문제풀이'에만 집중하지 않길 바랍니다. 지금 당장은 효율적이지 않고, 이것이 과연 효과가 있을지 의문스러울 수도 있습니다. 하지만 이 방법은 학년이 올라갈수록 점수로 결과가 나타납니다. 제 수학 점수가 그랬고, 제가 같은 방법으로 가르치고 있는 학생들이 그렇습니다. 이 책을 읽고 실천하는 많은 학생이 수학머리로 좌절하지 않고 수학을 더 쉽고, 더 효과적으로 공부하게 되기를 바랍니다.

고려대학교 이공계열 재학생

수학 공부법에는 여러 가지가 있습니다. 개념서를 반복해서 보기, 문제를 많이 풀어보기, 칠판에 문제를 풀며 직접 설명해 보기 등 모두 필요한 공부법이지만 그중에서도 가장 중요한 것은 내가 왜 틀렸는지 정확하게 아는 것이라고 생각합니다. 그리고 오답 분석의 핵심은 바로 개념 공부라는 것, 제가 『수학 1등급 로드맵』 책을 보며 수험 생활이 오버랩되었던 이유입니다.

김현정 원장님은 '오답체크는 개념 학습이다'라고 말씀하시며 오답에 대해 늘 강조하셨습니다. 틀린 문제를 다시 풀어 볼 때는 이미 답을 알고 있으니 맞을 수밖에 없습니다. 하지만 조금만 변형된 문제에서는 어김없이 막혀 버리곤 했습니다. 오답체크가 중요하다는 것은 알고 있었지만 어떤 방식으로 정리를 해야 할지 잘 몰랐습니다. 하지만 김현정 선생님께서는 오답체크는 단순하게 틀린 걸 다시 푸는 것이 아니라 어떤 개념이 적용되었고 내가 어떤 개념을 놓쳤는지 파악하는 단계라고 하셨습니다. 여러 문제집을 푸는 것보다 틀린 문제를 반복해서 풀며 개념 숙지를 반복적으로 하도록 시키셨습니다. 그렇게 '오답 = 개념 공부'에 초점을 맞추게 되니 출제자의 의도를 알 수 있고 비로소 문제를 푸는 길이 보이는 놀라운 경험을 하게 되었습니다.

김현정 원장님의 『수학 1등급 로드맵』 책은 수학 공부법의 홍수 속에서 오랜 시간 동안 실제 학생을 지도한 경험을 바탕으로 쓰였기 때문에 수학 공부의 해법을 명확하게 제시해 줍니다. 수학이 어려워 길을 잃은 후배들에게 이 책이 1등급으로 가는 이정표가 되리라 확신합니다.

연세대학교 이과대학 졸업생

저는 김현정 선생님을 만나 수학을 어떻게 공부하면 되는지를 확실히 알았습니다. 공부하는 과정이 쉽지는 않았지만 노력하면 반드시 성적 상승으로 이어졌기에 힘들지만은 않았습니다. 이 책에는 제가 실천했던 공부법의 모든 것이 정리돼 있습니다. 여러분에게도 큰 도움이 될 것입니다.

첫째, 이 책은 학생들이 수학 공부를 하면서 맞닥뜨리는 다양한 고민에 대해 해답을 제시합니다. 학생들은 수학을 공부하며 어떻게 공부해야 할지 가닥이 안 잡히기도 하고, 누가 제시하는 공부 방법이 옳을지 고민에 빠지기도 합니다. 예를 들어, '귀찮은데 공식을 꼭 외워야 할까?' '개념서를 다 공부했는데 새 개념서를 사서 다시 공부해 볼까? 아니면 이미 읽었던 개념서를 다시 읽어볼까?', '오답노트를 꼭 만들어야 할까?'와 같은 고민에 자주 빠지게 됩니다. 책에서는 이 수많은 고민에 해답이 될 만한 해결책을 근거와 함께 제시하여, 학생들이 시원하게 답을 듣고 신뢰할 수 있을 것입니다.

둘째, 학생들이 놓치기 쉬운, 효과적인 수학 공부 방법들을 제시하고 있습니다. 효율적이고 효과적인 수학 공부법은 분명히 존재합니다. 막연하게 문제를 많이 푼다고 해서 공부 효율이 올라가는 것만은 아닙니다. 어떤 학생은 스스로 연구하여 자신만의 공부법을 개발하기도 합니다. 그러나 그렇게 모든 공부법을 스스로 개발하기엔 시간이 부족할 수도 있고, 결국 공부법을 떠올리기 어려울 수도 있습니다. 따라서 신뢰할 수 있는 누군가가 먼저 발견한 공부 방법을 활용한다면 큰 도움이 될 것입니다. 저자가 직접 언급했듯이 '좋은 선생님'이 필요합니다. 저자는 이 책에서 '백지 테스트' 또는 '모개념을 써놓고 문제풀이 하기'와 같은 실제로 활용 가능한 효과적인 공부법을 제시합니다.

셋째, 이 책은 실제 시험에 사용할 수 있는 효과적인 전략을 제시합니다. 수학 공부를 효과적으로 하여 실력을 상승시키는 데 그치는 게 아니라 '입시'라는 목적을 달성하기 위하여 결국은 '시험 점수'가 중요할 수밖에 없습니다. 단순한 수학 실력이 시험 점수에 그대로 반영되지만은 않습니다. '수학 실력'과는 또 달리 '시험'을 잘 보기 위한 '시험 요령'이 존재합니다. 저자는 이 책에서 학생들이 본래 실력을 실제 시험장에서 최대한으로 발휘하도록 돕는 '시험을 잘 보기 위한 요령'을 다양하게 소개합니다. 특히

'단원명과 개념을 문제 위에 적고 풀기'는 실제로 저도 자주 활용했던 방법이고, 문제 해결을 위한 아이디어를 떠올리는 데 큰 도움이 됩니다.

다만 이 책을 한번 읽기만 한다고 하여 수학 성적이 저절로 오르지는 않을 것입니다. 문제집과 개념서를 준비한 뒤, 이 책에서 제시하는 공부법과 풀이법 등을 실천해 보세요. 그리고 반복, 또 반복하고 연습해 보세요. 책에서 제시하는 공부법의 의도를 이해하고 꾸준히 훈련한다면 분명 눈에 띄는 변화를 만나게 될 것입니다. 다시 한 번, 이 책을 더 많은 학생이 읽고 이 방법을 따라 수학을 더 쉽게, 더 즐겁게, 더 효과적으로 공부하게 되길 바랍니다.

서울대학교 물리학과 재학생

머리말

    초등학생 때 단원 평가에서 늘 90점 이상을 받아 오고 중학교에서도 상위권을 놓치지 않은 해솔이. 고등학교 진학 전에 고교 수학까지 학습한 만큼 해솔이도 부모님도 해솔이가 고등학교에서도 상위 등급을 이어갈 것이라 기대했습니다. 1학년 때는 상위권을 유지했지만 2학년이 되자 수학 성적이 하락하더니 결국 해솔이는 수능에서 수학 4등급을 받아 원하는 대학에 진학하지 못하고 재수를 하게 되었습니다.

    민규는 중학교때 수학 100점을 받거나 많아야 한두 개 틀리는 아이였습니다. 의대 진학을 목표로 고교 입학 후 이과를 선택했는데 학교 내신에서 4~5등급을 받으며 수학 공부를 힘들어하더니 결국 수능에서도 5등급을 받았습니다.

초등학교까지 수학을 재미있어하고 늘 95점 이상을 받아 오던 아이가 중2가 되면서 기대하던 성적을 내지 못합니다. 중학교에서 A등급을 유지하던 아이가 고등학교에 가면서 4등급으로 떨어집니다. 이런 현상들이 나타나자 아이도 실망하고 부모님도 아이의 성적을 고민하십니다. 이 시기에 성적이 떨어지는 아이와 끝까지 성적을 유지하는 아이의 차이는 무엇일까요?

저는 지난 30년간 대치동에서 수학을 가르치며 수많은 아이와 학부모님을 만나왔습니다. 처음에는 수학 우등생으로 만났지만 기대보다 수학 기초가 부족한 학생, 자신의 실력보다 성급한 선행 학습을 해 수학 성적이 갈수록 떨어지는 학생이 있는가 하면, 수학적 재능이 뛰어나지 않은데도 개념부터 충실히 공부해 수학 1등급으로 원하는 대학에 진학한 학생도 있습니다.

한국에서는 주요 대학들이 입시에서 수학을 중요하게 다룹니다. 그래서 수학에서 우수한 점수를 받지 못하면 대입에 성공하지 못할 확률이 높습니다. 특히 문이과 통합으로 인해 수학의 중요성은 더 확대되었습니다. 그런 만큼 많은 시간과 돈을 들이면서도 수학을 포기하는 학생이 많습니다. 수학을 쉽게 공부하는 다른 길이 있는데 그걸 알지 못하고 있으니 안타까운 마음이 듭니다.

저는 이런 상황을 보면서 그동안 제가 학생들을 가르치며 새삼 깨닫게 된 올바른 수학 공부법과 수학 공부 전략을 알려 드리고자 이 책을 썼습니다.

저도 학교 다닐 때 수학이 어려웠습니다. 김현정 원장은 학교 다닐 때 수학을 잘해서 서울대에 가고 전공도 수학을 택했다고 생각하는 분들이 계십니다. 학창 시절, 수학 점수는 좋았지만 수학을 썩 좋아하지는 않았습니다. 수학이 아닌 생물을 좋아했습니다. 그래서 의대에 진학하려고 수학 공부를 열심히 한 것뿐입니다. 그런데 집안 형편상 등록금이 비싼 의대에 못 가고 상대적으로 등록금이 비싸지 않은 서울대를 택한 것뿐입니다.

수학을 그다지 좋아하지도 않고 수학머리가 뛰어나지도 않았는데 수학 점수는 매우 좋았습니다. 수학머리가 좋지 않다 보니 초등학교 때는 그저 평범한 학생이었습니다. 초등학교 때는 어려서인지 수학 공부 방법을 선생님께서 알려주셔도 스스로 실천하기가 어려웠습니다. 그런데 중학교 때부터 수학만은 반에서 1등을 놓쳐 본 적이 없고, 전교 석차는 몇 손가락 안에 꼽을 정도로 성적이 좋았습니다. 그런 저도 수학 공부를 할 때는 항상 고민했습니다. 어떻게 수학 공부를 하면 좋을까? 그만큼 수학은 예나 지금이나 쉽게 손에 잡히지 않는 어려운 학문입니다.

제가 말씀드리는 제대로 된 수학 공부 방법은 학창 시절 때 학교 선생님들로부터 가르침을 받은 내용, 제가 그 방법대로 공부해서 성공한 내용, 그리고 제가 실제로 학생들을 가르치면서 성적이 오른 경험을 정리한 것입니다. 오랜 시간이 지났지만 제가 실천했던 공부법이 지금의 학생들에게도 적중할 만큼 본질적인 수학 공부법이라 말씀드릴 수 있습니다.

모든 과목이 그렇지만 수학은 특히 짧은 기간에 결판나지 않습니다. 학생들에게는 공부할 시간이 정해져 있고 공부해야 할 과목도 많습니다. 노력도 성취가 뒷받침될 때 꾸준히 이어질 수 있기에 공부한 만큼 성과를 낼 수 있는 전략이 필요합니다. 책에는 초등수학부터 고등수학까지 12년에 걸친 수학 공부 최적화 로드맵과 수학 공부를 효과적으로 하는 방법을 담았습니다. 공부는 아이가 하는 것이지만 먼저 학습을 해 본 선생님이나 부모님이 길을 제대로 제시해 줄 수 있다면 지금보다 훨씬 많은 아이가 수학을 잘할 수 있을 것입니다.

1부 〈수학에서 놓쳐서는 안 될 결정적 시기 3〉에서는 초등학교, 중학교, 고등학교 시기별로 수학 성적이 오르는 로드맵을 제시합니다. 초등 시기에 긍정적 수학 학습 정서를 형성하는 것에서 출발해 중등 시기 수학 습관 잡기, 고등 시기 수학 몰입까지 수학 입시 전문가인 저의 오랜 경험과 노하우를 체계적으로 정리했습니다. 2부 〈수학 1등급으로 올라서는 5단계 공부법〉에서는 개념 알기부터 오답 공부까지 다섯 단계에 걸친 올바른 수학 학습 습관을 만드는 방법을 알려드립니다. 이 공부법을 실천하면 반드시 수학 실력을 향상시킬 수 있습니다. 마지막 3부 〈부모님들이 가장 궁금해하는 질문과 답〉에서는 부모님들과 학생들이 궁금해하는 질문을 듣고 유용한 팁들을 담았습니다.

수학은 제대로 된 전략을 가지고 효율적으로 공부해야 원하는 결과를 얻을 수 있습니다. 이 책이 학부모님들께 수많은 수학 공부의 갈래 속에서 앞을 내다보고 자녀에게 올바른 길을 안내해 주실 지도가 되기를 바랍니다.

김현정

차례

1부

수학에서 놓쳐서는 안 될 결정적 시기 3

2부

1등급으로
올라서는
5단계 공부법

3부

부모님들이
가장 궁금해하는
수학 공부 Q&A

MATHEMATICS

수학에서 놓쳐서는 안 될 결정적 시기 3

1

수학 공부
정서 만들기

초1~초6

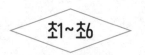

MATHEMATICS

처음부터 수학을 잘하는
아이는 없습니다

흔히들 평생 성적은 초등학교 때 결정된다고 말합니다. 수학뿐만 아니라 거의 모든 과목의 기초 학습 능력이 초등학교 때 길러지기 때문이지요. 그렇기 때문에 이 시기에는 수학 공부법을 말하기에 앞서 올바른 학습 태도가 뿌리내릴 수 있도록 해야 합니다. 학교 수업에 집중하는 자세를 익히고 공부를 통해 새로운 것을 알게 되는 즐거움, 모르고 잘 못했던 것을 하나하나 완성했을 때의 성취감을 느낄 수 있도록 해야 합니다. 이런 사소한 경험이 쌓이면서 공부에 대한 흥미가 생기고 이 긍정적인 감정은 향후 학업 스트레스를 잘 이겨 내며 꾸준히 공부할 수 있는 원동력이 됩니다.

그런데 이 시기의 아이들은 아직 혼자서 공부하기 힘듭니다. 뇌과학에 따르면, 공부하는 태도와 능력은 뇌의 전두엽이 가장 큰 역할을 맡는데 전두엽은 고등학교를 졸업할 무렵에 완성됩니다. 아직 공부를 할 만큼 뇌가 성장하지 않았는데 지나치게 학습을 강요하면 아이는 점점 지쳐 가서 정작 공부에 몰입해야 할 때 학습을 놓아 버릴 수 있습니다. 특히, 수학은 추상적 개념으로 논리적으로 사고해야 하는 까다로운 과목입니다. 수학머리가 뛰어난 아이가 아니라면 처음부터 혼자서 잘하기란 어렵습니다.

그러니 부모님이나 선생님께서 아이의 학습을 세심히 관찰하고 친절하게 이끌어 주시도록 노력해야 합니다. 학교 수업 챙기기, 숙제 검사, 공부 시키기, 문제집 선택 등등 부모님이 챙겨야 할 사항이 많지만 초등 고학년까지만 끌어주시면 중고등학교까지 이어집니다. 아이를 나무라기보다 학습의 방법을 안내하고 함께 공부하며 아이를 격려해 주시면 아이의 학습 동기는 조금씩 싹트게 됩니다.

초등 1, 2학년은 최초의 공부 습관을 형성하는 중요한 시기입니다. 이 시기에 수학에서 가장 중요한 것은 자연수의 사칙연산을 정확히 배우는 것입니다. 1학년 때는 등호의 개념을 처음 배우고 2학년 때는 곱셈 개념과 연산을 배웁니다. 더하고 빼고 곱하고 나누는 연산은 수학에서 아주 중요한 기초 도구입니다. 무조건 빠르게 하는 것보다 덧셈, 뺄셈, 곱셈, 나눗셈에 대한 정확한 개념을 갖게 해야 합니다.

초등학교 3학년은 초등수학에서 가장 중요한 시기입니다. 2학년까지는 단순한 연산 위주 학습이었다면 3학년부터는 초등수학 전반에 대한 개념의 기초를 다집니다. 자연수, 분수, 소수의 개념과 나눗셈까지 수와 연산의 모든 핵심 개념을 배웁니다. 도형 부분에서도 모든 평면도형을 다 배웁니다. 4학년부터는 3학년 때 배운 내용을 계속 반복하고 학습합니다. 초등수학의 전반적인 개념과 심화 내용을 배우기 때문에 학생들은 3학년 과정을 가장 어렵게 느낍니다. 그래서 3학년 과정의 심화 내용을 잘 공부해 놓으면 4학년부터는 심화 학습이 훨씬 수월해집니다.

3학년 과정에서 나눗셈, 분수, 소수 등 어려운 개념을 배웠다면 4학년은 이를 다지는 과정입니다. 3학년까지 배운 내용을 바탕으로 4학년의 반은 자연수의 사칙연산을 확장해 분수와 소수의 덧셈과 뺄셈을 배우고 나머지 반은 도형을 배웁니다. 이 도형 과정은 정의와 성질을 이해하고 문제에 적용하면 쉽게 풀 수 있는 내용들이라 학생들이 어려워하지는 않습니다. 다만 언어능력이 아직 덜 발달한 학생들은 도형의 많은 용어와 정의를 파악하기가 어려울 수 있고 이를 완전히 암기해서 자기 것으로 소화하는 건 더욱 힘들어합니다.

이런 학생들은 당장 많은 수학 문제를 풀기보다는 독서를 하는 것을 추천합니다. 언어능력은 모든 학습의 기본입니다. 책을 통해 언어능력을 키워 두면 수학의 개념을 파악하고 문제를 이해하며 방법을 추론하는 데까지 좋은 영향을 미칩니다. 수학 역시 암기 과목이지만 동시에 개념과 정의를 읽고 이해해야 하는 독해 과목이기 때문에 그렇습니다.

초등학교 저학년은 아직 학생 스스로 공부할 수 있는 시기가 아닙니다. 이때는 선생님이나 수학 공부를 지도해 줄 수 있는 분의 역할이 중요합니다. 학생의 눈높이에 맞는 수학 문제를 풀게 하고 과제를 잘 해냈다면 과하다 싶을 만큼 칭찬해 주는 것도 좋습니다. 아이가 수학을 거부감 없이 잘 공부하게 하려면 수학이 쉽다, 재미있다는 생각을 갖게 해야 합니다. 수학이 쉽다는 생각이 들려면 완전히 이해해야 합니다. "이거는 이러하니, 이렇게 하는 거야" 하고 전달만 하려고 하면 안 됩니다. 어려운 문제를 강제로 풀게 해서도 안 됩니다. 원리를 충분히 이해하고 개념을 설명할 수 있게 해야 합니다.

수학에 재미를 느끼지 못하는 학생일수록 개념을 말로 발표하는 기회를 많이 주는 것이 좋습니다. 제대로 알면 말로 설명할 수 있고 잘 이해하지 못했다면 말로 설명할 수 없습니다. 종이에 쓰는 것과는 완전히 다릅니다. 이 시기에는 화이트보드에 쓰면서 말로 설명해 보는 것도 수학적 재미를 키우는 데 도움이 됩니다. 서툴더라도 교재를 보면서 말하게 한 후 여러 번 반복하면 차츰 혼자서도 잘하게 됩니다.

수학의 출발점, 초5

초등학교 5학년은 수학의 출발점이라고 할 수 있습니다. 그 전 학년까지는 앞으로 수학을 공부하기 위해 꼭 필요한 수와 연산을 중점적으로 배웠다면, 5학년에 접어들면서부터는 조금씩 복잡한 개념을 익히기 시작합니다. 수의 확장성인 약수와 배수, 약분과 통분, 분수의 덧셈·뺄셈·곱셈을 배우고 소수의 연산과 다각형에 대해서도 배우기 시작합니다.

이 개념들은 중1 과정까지 이어지고, 중1 때 배우는 중1-1에서부터 고등학교 때 배우는 대수, 미적분1까지 연결되면서 확장됩니다. 5학년 수학은 그 전보다 학습 내용이 깊고 수준이 높아지므로 이때부터 기초를 탄탄히 해야 중고등 수학까지 수월하게 이어 갈 수 있습니다.

자녀가 이 시기에 접어든 학부모님들께서 항상 하시는 질문 세 가지가 있습니다.

"창의력 수학을 해야 하나요?"

"선행 진도를 어디까지 나가야 하나요?"

"우리 애는 수학을 싫어해요. 수학 감도 없는 것 같아요, 어떻게 하지요?"

첫 번째 질문인 창의력 수학을 하느냐 마느냐에 대해서는 특히나 많이들 고민하십니다.

초등학교 5학년인 민희와 아원이의 어머니는 근처에 살며 친구 같은 관계를 맺고 있습니다. 서로 친하다 보니 아이들의 학업 고민도 나누면서 두 아이는 자연스레 같은 수학 학원에 다니게 되었습니다. 그 학원은 창의력 수학을 필수로 공부해야 하는 곳이었습니다. 겉으로 보기에 지금까지 두 아이의 수학 실력은 비슷해 보였습니다. 하지만 창의력 수학 학원에 다니자 두 아이의 수학에 대한 흥미도나 실제 수학적 사고력에는 꽤 차이가 있었습니다. 민희는 수학 개념을 문제에 적용하기 어려워하고 개념 공부에 재미를 느끼지 못합니다. 반면 아원이는 수학 개념을 정확히 이해하고 배운 개념을 문제에 잘 활용합니다. 당연히 아원이는 재미있게 수업을 들었고, 민희는 억지로 수업을 듣다가 결국 창의력 수학을 안 하는 학원으로 옮기기로 했습니다. 이때 민희 어머니는 다른 애들이 다 하는 창의력 수학을 민희만 안 해도 될까 불안해하셨습니다. 특히 아원이한테 밀리는 것 같다며 어떻게 해야 할지 제게 상담을 청하셨습니다.

저는 민희 어머니에게 이렇게 말씀드렸습니다.

"어머니, 수학을 잘하는지 못하는지는 나중에 알게 됩니다. 지금은 시작일 뿐입니다. 창의력 수학으로 대학에 가는 것은 아니니 좋은 대학 진학이 목표라면 크게 걱정하지 않으셔도 됩니다. 수학 머리는 올바른 수학 공부 습관으로 충분히 따라잡을 수 있습니다."

그리고 이렇게 제안드렸습니다.

"창의력 수학 공부를 안 하는 시간에 다른 방식으로 수학을 접할 수 있도록 해 주세요. 연산 공부와 개념 공부를 꼼꼼히 하도록 지도해 주세요. 재미난 수학책을 항상 옆에 놓아 주세요. 효과는 나중에 알게 되실 겁니다."

민희 어머님은 제가 말씀드린 방향으로 민희의 학업을 도왔습니다. 성실한 모범생 스타일이던 민희는 중학교 2학년 과정까지 꼼꼼하게 개념을 익힌 뒤에 중학교에 입학했습니다. 그 결과 수월하게 중학교 수학을 시작하게 되었고 학년이 올라가서도 수학 상위권을 놓치지 않았습니다.

저는 오랫동안 수학을 가르치면서 수많은 학생과 학부모님을 만났습니다. 다양한 학생의 수많은 공부 히스토리를 지켜보았고 그 결과 또한 함께했습니다. 민희처럼 창의력 수학을 전혀 하지 않았어도 교과 수업 과정을 충실히 밟으며 대학 진학에 성공한 학생은 많습니다.

창의력 수학은 선택이지 필수가 아닙니다. 학생마다 수학머리가 천차만별이니 학생에게 맞는 수학 공부를 시키면 됩니다. 창의력 수학 문제를 잘 푸는 학생은 수학머리가 좋거나 그런 문제를 재미있어하니 창의력 수학이 공부 동기를 높여 줍니다. 하지만 창의력 수학 문제 풀기를 힘들어하는 학생에게 억지로 시키면 오히려 학생이 수학과 멀어지게 됩니다.

창의력 수학에 흥미를 느끼지 못하는 아이라면 다른 방법으로 수학에 재미를 느낄 수 있도록 해 주세요. 직접 해결할 수 있는 수학 문제들을 풀게 해 자신감을 키워야 합니다. 흥미진진한 수학 역사 이야기나 수학 교구 놀이, 수학 교과 공부를 통해서 수학에 대한 관심을 불러일으키는 것도 좋습니다.

이 시기에는 아이가 수학에 긍정적인 감정을 가지도록 하는 것이 가장 중요합니다. 수학 공부에 거부감이 없고 수학이 재미있다고 느낀 아이는 다가오는 학업 과정을 잘 헤쳐 나가며 수학에 몰입할 수 있습니다.

두 번째 질문은 선행 학습의 여부입니다. 선행 학습에 대한 부담감은 대부분의 부모님이 느끼고 있습니다. **저는 이 시기 중학교 선행 진도는 한 학기면 충분하다고 생각합니다.**

선행 수업이 제일 힘든 학년은 초등학교 6학년과 중학교 1학년입니다. 이 시기에는 선행 성취도가 다른 학년에 비해서 잘 나오기 어렵습니다. 중2-1 과정에 연산이 많이 나오고 중2-2 과정은 도형이 많이 나오다 보니 선행하는 학생들이 많이 버거워합니다.

아이의 진짜 실력과 상관없이 초등 고학년 학생들에게 선행을 빨리 시키는 경우가 있습니다. 급하게 선행을 나가는 학생들은 공통수학1까지도 진도를 뺍니다. 중1인데 공통수학1까지 선행했다는 학생 중에 제대로 공부한 학생은 극히 일부입니다.

수학은 이전 학년에서 배운 개념이 다음 학년에 영향을 미치기 때문에 앞 단계에서 배운 개념을 충분히 알고 문제에 적용할 줄 알아야 다음 과정을 익힐 수 있습니다.

그래서 초6, 중1 학생들은 선행 속도가 급하지 않아도 됩니다. 이 시기의 선행 진도는 한 학기 정도면 적당합니다. 중학교는 학습 난도가 높아지는 만큼 초6에 중학교 수학 개념을 한 학기 정도 미리 공부해 놓으면 중학교에 들어가서 수학에 자신감을 가질 수 있습니다. 성급한 선행은 부실한 개념 이해로 이어질 뿐 수학 실력과 비례하지 않으니 유의해야 합니다.

세 번째 질문은 수학에 흥미가 없고 수학머리도 없어 보이는 학생은 어떻게 하면 좋을지에 대한 궁금증입니다.

문이과 통합 이후 수학의 중요성은 더 커졌습니다. 수학이 대입에 결정적 영향을 미치는 만큼 학부모님들도 자녀의 수학머리에 대해 관심이 많으십니다.

수학머리가 좋으면 수학에 대한 이해도가 빠릅니다. 강사가 설명한 개념을 정확히 이해하고 관련 문제에 잘 적용해 문제를 해결하며 수학 공부에 대한 집중도가 상당히 좋습니다. 수학 공부를 할 때 잡념에 잘 빠지지 않고 문제에 몰입합니다. 그래서 수학머리가 있으면 수학 공부에 유리합니다. 그럼에도 초등수학에서 고등수학까지는 수학머리가 반드시 중요하다고 말하기 어렵습니다.

저는 대치동에서 지금껏 수많은 학생을 만났습니다. 그들 중에도 타고난 수학 재능이 보이는 아이는 몇 되지 않았습니다. 오히려 평범한 아이들이 올바른 수학 공부법으로 성실히 공부해 명문대학에 진학했습니다. 초등수학부터 수능수학까지는 수학머리를 타고나지 않아도 꾸준히 노력하면 목표를 성취할 수 있는 수준입니다.

실제로 수학 1등급을 맞는 아이들은 타고난 수학머리가 있다기보다 엄청나게 노력하는 학생들이었습니다. 그러니 수학머리가 부족한 게 아니냐고 미리 걱정하지 않으셔도 됩니다. 그보다는 수학에 호기심을 느끼고 수학을 좀 더 잘하고 싶다는 마음을 아이에게 심어 주어야 합니다. 올바른 공부법을 실천할 수 있도록 수학 학습 습관을 잡아 줘야 합니다.

저에게는 한 가지 원칙이 있습니다.
'수학을 못 하는 학생에게 절대 야단치지 않는다.'
숙제를 안 해 와도 야단치지 않고 시험을 못 봐도 야단치지 않습니다. 아니 그러면 학생을 어떻게 통솔하나요? 이렇게 해서 어떻게 아이 성적을 올린다는 말씀입니까? 하고 의아해하실 겁니다.

수학 공부를 안 하는 학생에게 계속 공부해라, 공부해라 한다고 학생이 공부를 할까요? 안 합니다. 더 안 합니다. 수학 공부도 하기 싫은데 싫은 소리를 듣고 야단까지 맞는다면 공부할 맛이 나겠습니까? 절대 수학 공부를 안 하고 싶습니다. 그러면 어떻게 해야 할까요?

저는 숙제를 안 해 오던 학생이 어느 날 숙제를 조금이라도 해 오면 과장해서 칭찬합니다.

"○○야, 와~~~ 대단하다. 너무 잘했어요."

학생 이름을 넣어 진심으로 얘기합니다. 이때 표정 관리도 중요합니다. 선생님의 얼굴이 환해져야 합니다. 사탕도 하나 선물로 줍니다. "이렇게까지 칭찬받을 일은 아닌 것 같은데, 선생님이 오버

해서 칭찬해 주시네" 하고 학생도 선생님 마음을 압니다. 칭찬받은 학생은 기분이 좋고 이는 선생님을 좋아하는 계기가 됩니다. 수학을 더 잘하고 싶다는 마음으로도 이어지고요.

수학 때문에 학교에서도 집에서도 주눅 들어 있는데 학원에 와서도 야단맞으면 마음 둘 데가 없습니다. 저는 학생들 야단을 안쳐서 학생들이 저를 좋아합니다. 저를 좋아하니 제 말을 잘 듣습니다. 제 말을 잘 들으니 제가 하라는 대로 하려고 합니다. 그러면 됩니다. 이렇게 하면 학생이 많이 바뀝니다. 제가 분필 한번 들지 않고 학생을 가르치는 방법입니다.

수학 공부는 학생이 하는 것입니다. 문제를 읽고 개념을 정확하게 떠올려 풀이까지 써 내려가야 합니다. 학생이 원동력입니다. 그러니 학생의 마음을 먼저 움직여야 합니다.

수학적 사고력의
기초를 심어라

수학은 연산이 매우 중요합니다. 더하고, 빼고, 곱하고, 나누는 과정으로 문제를 풉니다. 초등학교 시기에 배우는 연산은 중고등학교에서 배우는 연산의 토대가 되므로 수학의 기초 도구라고 할 수 있습니다. 이때 잘못 배운 연산 개념이 중고등학교 시험에서 큰 실수로 이어집니다. 그러니 초등 고학년까지는 연산 학습지를 풀면서 연산의 기초부터 제대로 익히고 넘어가야 합니다.

그런데 자녀가 중학생이 되면 달라집니다. 이 시기에 이른 학부모님들께서 항상 하시는 질문이 있습니다.

"연산 학습지는 꼭 시켜야 하나요? 어떤 학습지가 좋은가요?"

이 질문에 저는 단호하게 말씀드립니다.

"연산 학습지를 더는 시키지 마세요."

불안한 마음에 재차 제게 물으십니다.

"다들 하는데 어떻게 안 시키나요? 우리 아이는 계산도 느리고 많이 틀려요."

저의 대답은 이전과 같습니다.

"쉬운 문제집을 선택해 개념을 적용해 문제를 풀게 하세요."

재미없는 덧셈, 뺄셈, 곱셈, 나눗셈만 기계적으로 풀면 흥미를 느낄 수 있을까요? 연산이 중요하다고 해서 중학생이 되어서도 연산만을 위한 문제지나 학습지를 시키는 것은 적절하지 않습니다. 이 시기에 학생이 수학 문제를 틀리거나 늦게 푸는 것은 연산이 안 되어서라기보다 문제가 안 풀려서인 경우가 많습니다. 그러면서 실수가 생기는 겁니다. 그렇기 때문에 중등 과정은 수학적 사고력을 기를 수 있도록 해야 합니다.

수학적 사고력이란 지금까지 배운 수학의 개념을 떠올려 적절한 문제 풀이 전략을 찾아서 정확한 방법으로 주어진 문제를 해결하는 능력입니다. 개념과 원리를 충실히 알아 가려는 태도, 문제를 파고들며 끝까지 답을 찾아가려는 태도, 실수나 오류의 원인을 찾아 분석하는 태도입니다. 이 수학적 사고력을 키우기 위해서는 먼저 개념을 탄탄히 해야 합니다. 그래야 다양한 문제를 풀어 보면서 적용할 원리를 생각해 내고 문제에 접근하는 방법을 떠올려 볼 수 있습니다. 그러니 쉬운 문제부터 단계적으로 학습해 가면서 어려운 문제도 스스로 해결하려는 끈기와 자신감을 기르게 해야 합니다.

중학교 1학년 학생이 수학에 별 흥미를 못 느끼고 연산 능력 또한 부족한 것 같다면 문제집(예, 『쎈수학』의 A스텝)을 선택해 문제를 풀게 하면 됩니다. 이 문제들을 풀 때는 정해진 시간 없이 천천히 풀면 안 됩니다. 학생의 역량에 따라 차등은 두되 약간 긴장할 정도로 시간을 정해 풀게 합니다. 이것에 익숙해지면 시간을 좀 더 타이트하게 조정하면서 문제 풀이를 연습합니다. 문제를 정확히 풀고, 빨리 풀려고 시도하다 보면 연산 능력이 자연스럽게 좋아집니다.

문제 풀이 방식이 잡혀 있지 않다면 이때부터는 바른 방법으로 습관을 잡아 가야 합니다. 초등학생들 대부분은 문제집에 직접 풀이를 하는 경우가 많습니다. 초등수학은 풀이가 복잡한 문항이 비교적 적기 때문에, 책에 직접 풀어도 괜찮습니다. 하지만 중등수학은 풀이 과정도 복잡하고 풀이 식도 길기 때문에 줄이 그어진 노트에 글씨를 또박또박 쓰며 정리해서 푸는 것이 중요합니다. 중학교 내신 시험에 나오는 서술형 문제에 대한 대비이기도 하고, 추후 검산 시간을 줄여 주는 데에도 도움이 됩니다. 한번 잡힌 습관은 바꾸는 데 힘이 많이 듭니다. 초등학생 때부터 줄 친 노트에 식을 또박또박 쓰는 연습을 하면서 올바른 수학 공부 습관을 길러 놓는 것이 좋습니다.

중학교 입학 전,
꼭 알아야 할 3가지

초등학교 졸업 후, 중학교 입학을 앞둔 학생들은 마음이 한껏 들뜹니다. 청소년기에 접어든다는 설렘도 있고 초등학교가 아닌 좀 더 큰 사회로 나아가는 데 대한 긴장감도 있습니다. 무엇보다도 학업에 대한 기대와 부담감이 생기기 시작합니다.

중학교는 초등학교와 많이 다릅니다. 학교생활부터 학습량과 공부 난도도 변합니다. 이에 대비해 예비 중1들은 중학교에 입학

하기 전 겨울방학에 많은 것을 준비해야 합니다.

이때 특별히 수학 공부를 많이 해야 한다는 뜻은 아닙니다. 이 시기에는 수학 공부를 많이 해도 내용을 다 받아들일 수 없습니다. 많은 내용을 공부하는 것은 나중에 해도 늦지 않으니 그보다 다음의 세 가지를 갖출 수 있도록 해야 합니다.

첫째, 올바른 공부 습관을 들여야 합니다.

중학교에 가면 배우는 과목이 많고 과목별 학습량도 많아집니다. 제가 교육 현장에서 수많은 학생을 지도해 본 결과, 수학 공부 습관은 중2까지는 바꿀 수 있지만 중3부터는 바꾸기 어렵습니다. 잘못된 방법으로 계속 공부하던 습관이 몸에 배어 버립니다. 수학 성적을 올리는 힘은 수학을 공부하는 시간보다 어떻게 공부했는가가 중요합니다. 즉, 양보다는 질이 결정합니다. 다음 다섯 가지를 실천하게 해 주세요.

- **개념 알기** 원리를 이해하고 개념을 정확하게 알기
- **공식 암기** 개념 이해를 바탕으로 공식을 암기하기
- **백지 테스트** 백지 테스트를 통해 개념과 공식 완벽히 알기
- **문제 풀이** 모든 문제를 서술형으로 바르게 쓰고 시간을 정해 수학 문제 풀기
- **오답 확인** 문제를 푼 후 채점하고 오답 정리 후 틀린 문제 반복 풀기

둘째, 최소한 1학기 선행 학습을 시켜 주세요.

학원에서 예비 중1 또는 중1 학생이 입학 테스트를 보러 오면 이 질문을 꼭 합니다.

"선행을 했다면 어디까지 공부했나요?"

"공통수학1까지 했습니다. 그런데 잘 못 푸는 것 같습니다."

저는 중1 학생들 상담을 할 때 학부모님들께서 말씀하시는 자녀의 선행 수준은 거의 안 믿습니다. 특히 고등과정을 공부했다고 하면 안 믿습니다. 실제로 공통수학1 과정을 테스트를 하지만 중3-1, 중2-1, 중2-2, 중1-2, 심지어 중1-1 과정도 테스트할 준비를 합니다. 고등과정을 공부했다고는 하지만 중등과정 처음부터 다시 공부해야 하는 학생들도 있습니다. 선행은 앞서 배운 개념을 깊이 있게 이해한 뒤에 해야 효과가 있는데 그런 고려 없이 진도만 나가 버려서 그렇습니다.

중1은 아직 시간이 많습니다. 이 시기에 고등수학 내용을 정확하게 이해하고 문제까지 잘 풀 수 있는 학생은 많지 않습니다. 억지로 진도만 나가면 탄탄한 기초를 쌓을 수 없습니다. 대충 학습한 개념은 반드시 수학의 약점이 됩니다. 학생의 수학 성취도가 점점 높아진다면 중등 과정 선행은 재량껏 진행해도 상관없지만 고등 과정 선행은 매우 신중하게 해야 합니다.

이런 준비가 잘되어 있다면, 예비 중1 학생들이 최소한 중1-1은 선행 학습을 해 놓고 중학교에 가면 좋습니다. 중등수학 1-1에는 정수와 유리수의 연산과 문자를 사용한 일차방정식이 나옵니다. 즉, 수학의 기본인 연산이 주된 내용입니다. 이 과정은 앞으로 중등수학을 배울 때 기본이 되는 내용이므로 매우 중요합니다. 초등학교 때와는 공부 난도가 달라지는 만큼 미리 교과서를 꼼꼼히 훑어본다는 마음가짐으로 한 학기 과정을 미리 공부해 두어야 합니다.

셋째, 초등 전문 학원이 아닌 중등 전문 학원으로 바꿔 주세요.

이 시기에 수학 학원에 다니는 초등학교 6학년 학생들은 초등수학뿐만 아니라 중등수학도 공부하게 됩니다. 이때 초등 전문 선생님이 중등수학을 가르치시는 시각과 중등 전문 선생님이 중등수학을 가르치시는 시각은 아주 다릅니다. 무엇보다 중등 전문 학원은 중등수학에 대한 경험과 데이터를 가지고 있고 학교별 내신문제도 다룰 수 있습니다. 또 학년별 교수법도 다르고 학업 성격도 다르니 학년에 맞게 공부 습관을 키울 수 있도록 해 줍니다. 마찬가지 이유로 고등수학을 배울 때는 고등학생이 있는 고등 전문 학원에서 배워야 합니다.

가정의 교육 방침상, 또 학생의 성향상 학원에 다니지 않는 경우라도 집에서 중학교 학습에 미리 대비해야 합니다. 초등학교 때와는 확 달라진 중학교 생활과 공부 난도, 학습량에 적응할 수 있도록 환경을 바꿔 줘야 합니다.

◇ **Point** ◇

(!) 초등 저학년 때는 수학을 재미있는 과목으로 인식할 수 있도록 하는 게 중요합니다. 무조건적인 선행 학습은 오히려 수학 학습에 방해 됩니다. 초5는 수학의 본격적인 출발점이라고 할 수 있습니다. 이 시기부터 학습한 개념은 중고등학교로 심화 확장돼 나오기 때문에 기초를 잘 잡아야 합니다. 중학교 입학을 앞두고 한 학기 선행은 수학 자신감을 기르는 데 도움이 됩니다. 자녀의 수학머리가 대입에 결정적 영향을 미치는 것은 아닙니다. 그보다는 올바른 수학 학습 습관을 길러 주는 것이 중요합니다.

---

②

수학 공부
습관 만들기

중1~중3

MATHEMATICS

중학교 1학년
첫 시험을 대비하라

중학교 1학년은 자유학년제 운영으로 학생들이 진로활동을 합니다. 그로 인해 보통은 중2가 되어야 첫 시험을 보게 되는데 최근 들어 중1부터 시험을 보는 학교가 많아졌습니다. 학교마다 학사일정이 다르니 부모님은 자녀가 중학교에 배정을 받으면 학사일정을 참고하셔서 학생의 첫 시험이 언제인지 체크해 보고 시험에 대비할 수 있게끔 미리 지도해 주셔야 합니다.

학생이 중학교에 입학하고 보는 첫 시험이기 때문에 학생 스스로도 긴장되고 의미도 남다를 것입니다. 첫 단추를 잘 꿰어야 다음 단추도 잘 꿸 수 있듯이 첫 출발을 잘 준비하는 것이 좋습니다. 첫 시험 준비는 다음 세 가지에 유의해야 합니다.

첫째, 모의고사로 연습을 합니다.

중학생이 되고 첫 시험을 본 학생들이 한결같이 하는 말이 있습니다.

"시간이 없어서 아는 문제를 다 못 풀었어요."

"실수를 많이 했어요."

열심히 준비했는데도 환경 변화로 제 실력을 발휘하지 못했다면 너무나 안타까운 일입니다. 이런 일을 막고자 시험 전에 학교 기출문제를 다운받아서 모의고사에 대비합니다. 이때는 학교에서 치르는 실제 시험 시간보다 10분 줄여서 문제를 풉니다. 집에서 연습한다면 학부모님이 시간을 재 주세요. 모의고사를 잘 풀려면 평소 수학 문제를 풀이할 때도 시간을 재면서 연습해야 합니다. 개념부터 공식까지 기초가 잘 잡혀 있다면 속도를 내 문제를 푸는 습관을 들이세요.

문제를 푸는 순서도 중요합니다. 아래와 같이 풀면 시험에 유리합니다.

① 쉬운 객관식 문제 → ② 쉬운 서답형 문제 → ③ 어려운 객관식 문제 → ④ 어려운 서답형 문제

쉬운 문제와 어려운 문제를 구분하는 방법도 알아야 합니다. 보통은 문제의 길이가 짧으면 쉬운 편이고 길면 어려운 편입니다. 평소 많이 보던 문제는 쉽지만, 익숙하지 않거나 복잡한 도형이나 그래프가 있는 문제는 어렵습니다.

OMR 카드 답안 기재도 미리 연습하면 좋습니다. 시험 당일에 하려다 보면 실수할 수 있고 당황하면 아는 문제도 놓칩니다. OMR 카드는 검색하시면 쉽게 구입하실 수 있습니다.

둘째, 틀린 문제를 정리하는 습관을 기릅니다.

오답은 강조, 또 강조해도 부족하지 않습니다. 그런데 오답을 어떻게 공부해야 하는지 잘 모르는 학생이 많습니다.

문제집을 풀면서 오답이 나왔다면 틀린 표시를 하고 맞을 때까지 반복해서 풉니다. 테스트 문제는 시험지를 모아 놓고 계속 풀어야 합니다. 그리고 채점을 끝내고 나면 해설지 풀이를 꼭 봐야 합니다. 답은 맞혔지만 제대로 알지 못한 채 답만 맞은 것도 많습니다. 해설지도 참고서와 같은 역할을 합니다. 해설지를 보고 풀이 방법을 공부해야 합니다. 단, 조건이 있습니다. 혼자 힘으로 다 풀고 채점한 후에 해설지를 봐야 합니다.

영우의 숙제 검사를 하는데 풀이가 해설지와 똑같습니다.

"영우야, 혹시 해설지를 베껴 온 건 아니지? 어려워도 네가 풀어야지, 베끼면 공부에 도움이 안 돼."

영우는 손가락까지 저어 가며 말합니다.

"선생님, 저 해설지 안 베꼈어요. 제가 풀었는데요."

"이상하네, 네가 쓴 풀이 과정이 해설지와 똑같아서 선생님은 구분하기가 어렵네."

영우도 선생님을 이상하게 생각합니다. 분명 해설지를 안 베끼고 본인이 풀었다고 계속 주장합니다.

왜 이럴까요? 영우는 풀다가 안 풀리면 바로 해설지를 봅니다. 막힐 때면 해설지를 보고 푸니 해설지 내용과 풀이가 똑같은 것입니다. 해설지는 푸는 동안에 보면 안 됩니다. 그렇게 푸는 것은 자기 실력이 아닙니다. 다 풀고 나서 채점을 한 뒤에 오답이 나오든 정답이 나오든 꼼꼼히 확인해야 합니다.

문제 풀이부터 오답 확인까지는 이렇게 합니다.

① 문제를 푼다 → ② 채점을 한다 → ③ 틀린 문제를 스스로 다시 풀어 보고 다시 채점을 한다 → ④ 만약에 또 틀리면 다시 풀어 보고 채점을 한다(이때 채점은 답만 보고 합니다). → ⑤ 해설지를 본다.

해설지 검토에 대해서도 많이들 궁금해하십니다.

"원장님! 맞은 문제도 해설지를 봐야 하나요?"

"네 맞은 문제도 꼭 해설지 풀이를 봐야 합니다."

"틀린 문제 오답을 확인하기도 바쁜데 맞은 문제는 왜 보나요?"

"문제를 맞혔어도 제대로 맞힌 게 아닌 경우가 많습니다. 해설지 풀이를 나의 풀이와 비교해 보고 다시 정정해야 합니다."

"틀린 문제는 해설지를 보고 어떻게 활용하나요?"

"왜 틀렸는지 파악해야 합니다. 단순히 다시 풀어 보는 데 그쳐서는 안 됩니다."

틀린 문제도 학생마다 유형이 다 다릅니다.

① 개념이 부족한 경우

② 단순 계산 실수인 경우

③ 조건에 맞는 개념을 적용 못 한 경우

이 틀린 유형을 바로잡지 않으면 같은 유형의 문제가 나올 때마다 계속 틀립니다. 반드시 오답을 확인해서 바로잡아야 다음 시험에서 고득점을 노릴 수 있습니다.

셋째, 학생 수준에 맞는 문제집을 골라 오답이 나오지 않을 때까지 한 권을 반복해서 풉니다.

문제집은 자녀의 현 상황에 맞게 택해야 합니다. 당장 어려워서 못 푸는 문제집을 풀게 하면 아무 소용이 없습니다. 쉬운 문제집으로 시작해 개념을 잘 적용하게 되면 단계적으로 어려운 문제집으로 넘어갑니다. 어려운 문제집은 기초가 쌓이고 학교 시험 기간이 가까워졌을 때 풀게 하면 긴장감이 올라가면서 학습 효율이 높아져 풀 가능성이 높아집니다(중등 개념서로는 『개념원리』를 추천합니다. 문제집으로는 『쎈수학』, 『RPM』, 『고쟁이』, 『블랙라벨』을 추천합니다).

간혹 "우리 아이가 『고쟁이』나 『블랙라벨』처럼 어려운 심화서를 풀 수 있을까요?" 하고 걱정하며 물어보시는 학부모님들이 계십니다. 저는 매번 "선택이 아니라 풀어야 하는 겁니다"라고 말씀드립니다. 개념서로 개념을 정리했다면, 학생에게 좀 더 어려운 문제에 도전하도록 권유하시면 좋습니다. 어렵다고 피하기만 하면 계속 쉬운 문제만 풀게 되고 수학 실력을 기를 기회를 놓치게 됩니다.

문제집 소개

<table>
<tr><td rowspan="3">쎈수학</td><td rowspan="6">유형으로 정리하기 쉬운 책이며, 필수로 풀어야 하는 문제집</td><td>A스텝 쉬운 연산 문제로 구성되어 있습니다. 연산 훈련이 필요하다면 시간을 재며 빨리 푸는 연습을 하세요.</td></tr>
<tr><td>B스텝 B스텝 내 '상' 문제까지 모두 반드시 풀어야 합니다. 오답이 없을 때까지 반복적으로 푸는 것이 중요합니다.</td></tr>
<tr><td>C스텝 학생이 풀 역량이 되면 풀면 좋지만 안 풀어도 상관없습니다.</td></tr>
<tr><td rowspan="3">RPM</td><td>유형익히기 유형 정리가 간단히 되어 있고 이에 대한 기본적인 문제들로 구성되어 있습니다.</td></tr>
<tr><td>유형UP 난이도 중 또는 가벼운 상 문제로 어렵지 않아서 반드시 풀어야 합니다.</td></tr>
<tr><td>중단원 마무리 난이도 중상인 문제가 네 문제 정도 있지만 다른 문제는 평이합니다. 풀어야 합니다.</td></tr>
<tr><td rowspan="3">고쟁이</td><td rowspan="6">유형 정리 후 심화 공부를 하기 위한 심화 문제집</td><td>1STEP 유형 정리가 간단히 되어 있고 이에 대한 기본적인 문제들로 구성되어 있습니다.</td></tr>
<tr><td>2STEP 문제 난이도가 중상 정도로 2STEP까지의 문제들을 오답이 안 나올 때까지 반복해서 푸는 것을 목표로 합니다.</td></tr>
<tr><td>3STEP 난이도 최상으로 안 풀어도 내신 대비에는 크게 영향을 미치지 않습니다.</td></tr>
<tr><td rowspan="3">블랙 라벨</td><td>1STEP 첫 번째 섹션이지만 만만치 않게 어려운 편입니다.</td></tr>
<tr><td>2STEP 문제의 반 이상은 난이도 '상'에 가깝습니다(고쟁이 2STEP에 비해 난도가 더 높습니다). 역시나 오답이 안 나올 때까지 반복해서 푸는 것을 목표로 합니다.</td></tr>
<tr><td>3STEP 난도 최상으로 안 풀어도 내신 대비에는 크게 영향을 주지 않습니다.</td></tr>
</table>

수학을 포기하게 되는
첫 번째 시기

학생들을 지도하면서 제일 가르치기 힘든 시기가 바로 중학교 2학년입니다. 사춘기로 인해 여학생도 변화가 생기지만 몇몇 남학생은 그야말로 질풍노도의 시기를 경험합니다. 이때가 되면 호기심도 많아지고 하고 싶은 것도 늘어나고 자기 의견도 강해집니다. 중2면 아직 대학 입시는 먼 일 같고 고등학교 진학도 당장의 문제는 아니라고 여겨 공부를 급하게 생각하지 않습니다.

그런데 중2부터는 문자가 들어간 개념이 나오고 연산도 복잡해지면서 수학이 어려워집니다. 중2-1은 지금까지 배운 것에서 확장된 복잡한 연산 내용이 주를 이룹니다. 처음 배우는 함수도 등장합니다. 중2-2는 모든 삼각형, 모든 사각형에 대한 내용이 나오면서 공부해야 할 개념과 분량이 급격히 많아집니다.

이제 막 중2가 된 찬우는 중2-1 수학을 공부하는 데 힘이 듭니다. 중1 때는 연산과 기본적인 도형 위주라 쉽게 생각하고 열심히 공부하지 않았습니다. 개념 공부가 부실하다 보니 중2 때 끌어다 쓸 개념이 없습니다. 집중력 있게 공부하는 방법도 아직 못 찾았습니다. 힘들게 공부하다 보니 2학기가 되었습니다. 여름 학기 때 중

2-2 과정을 공부했지만 공부할 양이 많은 데다 방학 기간이 짧아서 충분히 공부하기가 어렵습니다. 점수가 안 나오니 하다 하다 지쳐 수학에 자신감이 없어지고 수학을 손에서 놓고 싶은 마음마저 생깁니다.

수학을 포기하는 시기는 학생마다 다릅니다. 초등학교 때부터 수학 공부를 안 하는 학생이 있는가 하면 고등학교에 와서 고1 내신 시험을 보고 수학을 포기하려는 학생도 있습니다. 고1이 되기도 전에 수학을 포기하려 한다면 그 시기는 중2 때입니다. 중2 과정은 갑자기 내용이 어려워지고 양이 많아집니다. 또한 학교 내신 시험을 보는 첫 번째 학년이라서 시험에 대한 부담감도 큽니다.

다른 과목과는 다르게 수학은 한번 포기하면 다시 공부하기가 힘듭니다. 개념이 심화되면서 확장되기 때문에 이전 학년에서 배운 내용이 다음 학년에 영향을 미칩니다. 그러니 제때 공부해 놓지 않으면 기초 개념으로 다시 돌아가 공부해야 하고 그사이 새 진도는 저만큼 나가 있습니다. 학교에서 이미 시험을 보고 넘어간 과정을 다시 공부해서 따라잡는다는 것은 상당한 의지와 시간이 필요한 일입니다.

한편으로는, 고등학교 때 수학을 포기하면 그나마 회복할 가능성이 있습니다. 대학 입시의 큰 문이 있기 때문에 학생 스스로 공부를 해야겠다는 의지가 생깁니다. 하지만 중학생 때 수학을 포기한다는 것은 기초적인 수학 개념과 연산도 포기한다는 뜻이고 이러면 다시 수학을 공부하기가 참 힘들어집니다.

이 시기에는 학생이 꾸준하게 수학을 공부할 수 있는 환경을 만들어 주어야 합니다. 학교에서 배운 것으로 혼자 공부하기 힘들다면 수학을 잘 이끌어 줄 수 있는 멘토나 선생님을 만나야 합니다.

학생들은 학교나 학원에서 수학을 배웁니다. 선생님이나 수학을 지도해 줄 수 있는 누군가가 알기 쉽게 가르쳐 주면 학생들은 절대 수학을 포기하지 않습니다. 문제가 안 풀리니까, 답답하니까 수학을 안 하게 되는 겁니다. 학생들이 직접 수학 문제를 풀 수 있도록 도와주고 확인해 주고 칭찬해 주어야 합니다.

제가 경기여고 교사였을 땐 방과 후 자율학습이 있었습니다. 제가 담임인 반은 학원 수업이 없는 날에는 자율학습을 하도록 했습니다. 자율학습을 감독할 때는 학생들의 질문을 다 받아주고 직접 문제 풀이 과정을 확인했습니다. 개념도 다시 설명해 주었습니다. 그리고 수학 문제를 공책에 빽빽하게 쓰는 일명 '빽빽이'도 시켰습니다. 수학은 자기 힘으로 문제를 풀어야 합니다. 어느 순간 수학 공부를 안 하면 그다음에 나오는 부분을 절대 따라갈 수가 없습니다. 중간에 공백이 있으면 안 됩니다. 공백이 생기지 않도록 의무적으로 다섯 장씩 매일 수학 빽빽이 숙제를 내 주었습니다.

빽빽이가 형식적으로 공부하게 만들고 베껴 올 수 있으니 공부 효과가 없다고요? 그런 우려점도 있지만 아예 안 하는 것보다는 따라 쓰기라도 했을 때 머릿속에 남는 것도 있습니다. 베끼면서 일단 손으로 쓰지 않겠습니까?

제가 경기여고 교사로 있던 시절, 제 수업을 듣고 수학에 재미를 붙여 나가고 성적도 오른 학생이 많았습니다. 그때 가르치는 사람의 중요성을 새삼 깨달았습니다. 학생이 수학을 포기하지 않도록 세심히 지켜봐 주세요. 중2의 이 시기만 잘 지나가면 중3은 하던 대로 이어 갈 수 있습니다.

선행에
액셀을 밟아라

중학교 어머님들이 제일 걱정하시는 부분이 바로 "우리 아이만 선행이 안 되어 있어요", "진도를 언제 따라잡을 수 있죠?"입니다. 중1은 앞으로 배우게 될 수학 내용을 차곡차곡 집어넣을 자리를 잘 정리해 놓는 때입니다. 선행 학습도 중요하지만, 지금까지 배운 개념을 충분히 알고 문제에 끌어와 적용하며 심화 과정까지 소화

해야 큰 효과를 볼 수 있습니다.

이 점을 잘 알고서 수학 실력을 탄탄히 쌓아 온 학생이라면 중2 여름방학 이후에 선행에 속도를 내도 좋습니다. 늦어도 중2 겨울방학 때부터는 선행에 액셀을 밟는 것을 추천합니다. 이런 학생들은 고등학교 가기 전, 중3 2학기 또는 중3 겨울방학 때 선행을 시작하려고 하다가는 마음만 급해질 수 있습니다. 늦어도 중2 겨울방학 때부터는 선행을 해야 중3 때 안정적으로 선행을 이어 갈 수 있습니다. 보통의 학생이라도 중3 겨울방학이 끝날 무렵에는 최소한 고등학교 1학기, 실력이 받쳐 준다면 2학기까지 끝내면 고등수학에 큰 도움을 얻을 수 있습니다.

선행 진도를 나갈 때는 3-1 과정이 매우 중요하다는 사실에 유의해야 합니다. 선행을 급하게 하려다가 하는 최대 실수는 3-1 과정을 소홀히 하고 공통수학1 공부를 시작하는 것입니다. 공통수학1은 처음 배우는 고등과정인데 중등과정과 다르게 양도 많고 매우 어렵습니다. 3-1 심화 과정까지 제대로 공부하지 않고 공통수학1으로 넘어가면 너무 어려워서 아예 공부가 안 됩니다. 3-1을 잘 다진 다음에 공통수학1 진도를 나가야 합니다. 이런 토대를 마련한 뒤에 그 위에 고등수학의 기본인 공통수학1과 공통수학2을 잘 쌓도록 신경 써야 합니다.

어머님들과 상담할 때 제일 힘든 경우가 중3 후반부에 선행이 안 되어 있는 학생들입니다. 저학년 때와는 달리 이때는 수학을 잘하고 못하고는 그다지 중요하지 않습니다. 수학 선행을 어디까지 했는지가 더 중요합니다. 중학교와 고등학교 성적은 너무나도 다릅니다. 중3은 고등학교에 가기 위한 공부를 하는 시기이지 학교 시험을 잘 보려고 노력하는 시기가 아닙니다.

현재 학생의 수학 성적과 무관하게 선행이 안 되어 있으면 입학 테스트에 대한 결과 상담을 할 때 마음이 상당히 무겁습니다. 마치 살얼음판 같습니다. 집에 가서 학생이 야단을 많이 맞을 것 같다는 생각에 안쓰러운 마음도 듭니다. 하지만 지금부터라도 준비할 수 있도록 격려해 주는 것이 저를 비롯한 부모님의 역할이라고 생각합니다.

고등수학 개념서 비교

수학의 정석(기본)

구성	내용 설명	특징
개념 설명 +보기문제	개념 설명과 이에 대한 매우 쉬운 보기문제와 풀이가 같이 구성.	개념 설명이 글로 되어 있어서 편하게 볼 수 있고 기본문제에서 개념 설명을 또다시 반복하는 장점이 있습니다. 기본문제와 유제가 같은 유형의 문제라서 개념을 정확하게 배우기에는 좋지만 본문을 공부하고 나서 연습문제를 바로 풀기에는 어렵습니다. 그래서 개념유형서를 풀고 나서 연습문제를 풀어야 하는 어려움이 있습니다.
기본문제 +유제	기본문제에 대한 개념 공식 설명이 빨간 글자로 다시 설명되어 있고 풀이가 같이 구성. 기본문제와 같은 유형의 유제가 풀이 없이 답만 있는데, 유제가 안 풀릴 때 절대 해설지를 보면 안 되고 기본문제에 있는 개념 설명을 다시 공부해야 합니다.	
연습문제	본문 문제를 다 풀고 나서 종합적으로 푸는 문제인데 난도가 본문 문제보다 높아서 바로 풀면 매우 어렵습니다.	

개념원리

구성	내용 설명	특징
개념 설명	기본적인 개념 설명과 예제문제로 구성.	개념 설명이 매우 쉽고 자세하게 되어 있어서 수학 실력이 부족한 학생들이 부담 없이 공부할 수 있는 개념서입니다. 다만, 개념에 딸린 문제들이 매우 많아서 이 책을 공부하는 경우에는 이 책 하나만 공부할 것을 추천합니다. 전반적으로 문제가 쉬워서 반드시 중난이도의 문제집을 별도로 풀어야 합니다.
개념원리 익히기	앞에서 배운 개념에 대한 매우 기초적인 문제들로 구성.	
필수+확인 체크문제	필수문제는 문제와 풀이가 같이 있고 확인체크는 필수문제와 같은 유형의 문제로 구성.	
연습문제 step1 2 실력UP	단원별로 구성된 연습문제로 난이도별로 step1 2와 실력UP으로 구성, 실력UP 문제는 문항 수가 많지 않고 정석 연습문제 수준으로 이 부분까지 풀 만한 난이도.	

마플교과서		
구성	내용 설명	특징
개념정리단계 (개념+보기)	유형별로 정리된 개념 설명에 풀이가 포함된 보기문제로 구성.	개념 설명에 대한 글자 내용이 너무 많아서 개인적으로는 산만하게 보입니다. 개념 설명 부분과 문제로 구성된 부분이 구분이 안 가서 학생이 잘 구분해서 공부할 필요가 있고, 발전문제는 개념을 공부하고 나서 풀기에는 많이 어렵기 때문에 나중에 푸는 것을 추천합니다. 전반적인 난이도는 정석보다 약간 쉽습니다.
개념익힘단계 (유형문제+확인문제 +변형문제+발전문제)	문제들로만 구성. 대표문제가 있고 이에 대한 풀이가 있으며, 이 문제와 같은 유형의 문제들이 난이도 하인 확인문제 난이도 중인 변형문제 난이도 중상인 발전문제로 3문제씩 구성.	
단원종합문제 (basic+normal+tough)	basic은 매우 쉬운 기본문제, normal은 정석 기본문제 수준의 보통 수준 문제, tough는 난이도가 갑자기 올라가는데 정석 연습문제 수준이거나 쎈수학의 C단계보다 약간 쉬운 수준.	

숨마쿰라우데		
구성	내용 설명	특징
개념 설명 +EXAMPLE +APPLICATION	개념 설명이 매우 자세하고 개념이 정리된 부분은 연두색과 초록색으로 표시가 되어 있어서 정리하기가 쉽습니다. 개념 설명 중에 바로 EXAMPLE문제가 있는데 개념을 바로 적용한 문제로 해설과 같이 본문에 있고 이 문제 바로 밑에는 해설 없이 APPLICATION문제가 있어서 본인 힘으로 풀어 볼 수 있게 되어 있습니다.	개념 설명이 매우 자세하게 되어 있어서 개념을 공부하기에 매우 좋은 책입니다. 또한 단순히 문제 풀이에 필요한 개념뿐만이 아니라 수학사에 대한 내용도 같이 설명되어 있어서 흥미롭습니다. 이 모든 개념을 스스로 잘 정리하고 이에 대한 문제 풀이를 잘할 수 있는 학생이라면 매우 적합한 책입니다. 하지만 내용이 많으면 산만하고, 공부하는 데 시간이 많이 걸릴 수 있습니다. 개념 설명을 할 때 나오는 문제는 어렵지 않습니다. 문제는 쉬운 문제부터 상 문제까지 골고루 구성되어 있습니다.
기본예제 +유제	소단원별로 개념 설명 뒤에는 이 개념을 적용하는 기본예제가 있는데 해설이 같이 구성되어 있고 같은 쪽에 유제문제가 해설 없이 있는데 이 문제는 스스로 풀어야 합니다.	
발전예제 +유제	기본문제들이 나오고 그다음에 기본예제보다 난도가 높은 발전예제문제가 풀이와 함께 이어집니다. 유형은 같고 풀이가 없는 유제문제가 있습니다.	
EXERCISE A +EXERCISE B	소단원별로 종합문제로 구성. EXERCISE A는 기본문제 EXERCISE B는 난이도 중 정도의 문제입니다.	
대단원 연습문제+ 대단원심화 연계학습	대단원별로 구성되어 있는데 난도가 중에서 상 문제까지 분포되어 있습니다.	

수학의 샘

구성	내용 설명	특징
개념 설명	개념 설명이 필요한 내용으로만 매우 쉽게 설명되어 있으며, 개념 설명 중에 매우 쉬운 문제도 같이 구성.	한마디로 너무나 쉬운 개념서로, 수학 실력이 많이 낮은 학생에게 적합한 책입니다. 개념 설명도 쉽고 빠진 내용이 많아서, 이 책으로만 공부해서는 이 과정을 제대로 공부했다고 할 수 없습니다. 하지만 이 책이 안 좋다는 것이 절대 아닙니다. 현재 이 책이 적합한 학생도 있습니다. 특히 공통수학1을 배울 때 수학머리가 안 좋은 학생은 수학의 샘으로 먼저 공부한 후에 제대로 배우길 추천드립니다. 수학머리가 중 이상인 학생은 다른 개념서를 사용하길 추천합니다.
개념확인 코너	개념에 대한 매우 기초적인 문제로 구성.	
필수예제 +유제	소단원별로 기본적인 문제(풀이 있음)와 유제로 구성.	
발전예제	필수예제보다 약간 난도 있는 문제지만 어렵지 않습니다.	
연습문제A +연습문제B +연습문제C	A단계는 매우 쉬운 문제 B단계는 하 또는 중 난도 문제 C문제는 중 또는 상 난도 문제	

수학의 바이블

구성	내용 설명	특징
개념 설명	개념을 쉽게 풀어서 설명하고 있지만, 개념 공식이 명확하게 정리되어 있지는 않고, EXAMPLE 문제가 자세한 설명과 같이 구성.	개념 설명이 자세한 편은 아닙니다. 책의 내용이 많지 않아서 빠른 시간 내에 개념을 다시 공부하기에는 적합하지만 처음에 개념을 공부하는 책으로는 적합하지 않습니다.
개념콕콕	개념을 바로 적용하는 쉬운 문제가 풀이와 함께 구성.	
예제 +숫자바꾸기 +표현바꾸기 +개념넓히기	왼쪽에 예제문제가 풀이와 같이 있고 오른쪽에는 같은 유형인 문제가 숫자바꾸기+표현바꾸기+개념넓히기 문제로 구성되어 있는데 개념넓히기는 난이도 중 이상인 문제.	
기본다지기 +실력다지기	소단원별로 구성된 문제로 기본다지기는 하 또는 중 정도 난도, 실력다지기는 중 또는 상 난도 문제.	

고등학교 입학 전,
꼭 알아야 할 3가지

중학교 3학년 2학기 기말고사는 보통 11월 초면 마무리됩니다. 입학 전형 시기가 비교적 늦은 고등학교에 지원하더라도 12월 중순에는 원서 접수를 해야 하기에 일반적으로는 기말고사를 앞당겨서 봅니다.

이 중학교 3학년 겨울방학이 사실상 대학 입시를 위한 가장 중요한 시기라고 말할 수 있습니다. 그동안에 수학 공부를 안 한 학생도 반전을 노릴 수 있는 시간입니다. 거꾸로 이 시간을 놓치면 고등학교 가서 더 좋은 성적을 받을 수 있는 기회를 놓치고 맙니다. 중3 때에는 선행으로 개념 학습을 잘해 놓아야 합니다.

저는 이 시기에는 학원에서 일부러 학생들을 "예비 고1 학생들 ~~~"이라고 부릅니다. '너는 이제 중학생이 아니야. 고등학생이 되는 거야. 고등학생은 다르겠지? 이제부터 고등학생다운 공부를 해야겠지?'라는 뜻을 전합니다. 이 말을 들은 학생들의 얼굴에는 순간 긴장이 감돕니다. '아, 나는 곧 고등학생이 되는구나'라고 인식해 눈빛부터 달라집니다.

이 시기부터 대학입학시험 준비가 시작되는 것입니다. 저는 학생들에게 세 가지를 강조합니다.

첫째, 스스로 공부하는 목적을 생각하고 목표를 정한다.
둘째, 지금까지의 수학 실력을 바탕으로 선행 진도를 나간다.
셋째, 고1 1학기 내신 시험 문제 풀이를 중3 하반기부터 시작한다.

이제부터 마라톤처럼 길고 긴 나와의 싸움인 대학 입시 공부가 시작됩니다. 마라톤에서 승리하려면 반드시 지향점이 있어야 합니다. 공부해야 하는 이유를 모르고 이루고 싶은 목표도 없다면 공부에 지칠 때 다시 공부하기가 힘들고 뒷심도 부족합니다. 고교에 입학하기 전, 한번쯤은 학생 스스로가 자신의 진로와 목표를 생각해 볼 수 있게 질문을 던져 주세요. 아직 자신이 무엇을 좋아하고 뭐가 되고 싶은지 모를 수 있습니다. 다양한 경험을 해 보지 못했으니 이 또한 당연합니다. 당장 답을 찾지 못하더라도 스스로 생각해 볼 수 있는 계기를 마련해 주는 것만으로도 괜찮습니다.

수학은 다른 과목과 다릅니다. 수학 과목은 대학입시라고 해서 고2 또는 고3 때 결판이 나는 과목이 아닙니다. 양도 많고 개념도 어려워 여러 교과 중에서 공부 시간이 제일 많이 필요합니다. 그런데 어디 수학만 공부하나요? 고등학교에 가면 다른 과목도 성적을 관리해야 하기에 공부 시간이 빠듯합니다.

이런 상황에서 수학 공부가 잘 안 되어 있으면 다른 과목에도 지장이 생깁니다. 다른 과목도 성적을 잘 유지하려면 기본적으로 필요한 공부는 고1에 들어가기 전에 해야 합니다. 공통수학1, 공통수학2, 대수, 미적분1에 대한 개념 공부를 중3에 미리 준비해 둬야 합니다. 그러면 그 이후의 내신 문제 풀이와 수능 문제 풀이가 쉽습니다. 중3 시기를 놓치면 그 시기에 꼭 해야 하는 개념 공부를 고등학교에서 다시 해야 합니다. 시간이 부족할 수밖에 없습니다.

이 시기에는 제가 학생들에게 수학 진도계획표를 만들어 줍니다. 예비 중3 현재 시점에서 선행 진도를 어디까지 나갔느냐에 따라 진도계획표를 작성합니다.

공부로 이루고 싶은 꿈이 있는 학생에게는 이때 단단한 징검다리를 잘 놓아 줘야 합니다. 성적은 고등학교 가서 정해지는 것이 아니라 이 시기에 결정되기 때문입니다.

학년별 집중해야 할 학습 사항

고1	고2	고3
학기 중에는 내신문제 풀이, 방학 기간에는 선행 개념 공부	고2 겨울방학 때까지 모든 진도 완성	수능 문제 풀이에 집중

● 내신과목 공통수학1, 공통수학2   ● 수능과목 대수, 미적분1, 확통(확률과 통계)

예비 중3 겨울방학 기준 학습 계획표 예

❖ 선행을 전혀 하지 않았을 때

예비 중3 겨울 방학	중3				고1			
	1학기	여름 방학	2학기	겨울 방학	1학기	여름 방학	2학기	겨울 방학
중3-1 기본 or 중3-1 심화	공통 수학1 기본	공통 수학1 심화	공통 수학2 기본 +심화	공통 수학1 고1 내신 대비 + 대수	공통 수학1 내신 대비	공통 수학2 내신 대비 +대수 심화	공통 수학2 내신 대비	미적분1 +대수 고2 내신 대비

❖ 1학기 선행을 했을 때(공통수학1까지)

예비 중3 겨울 방학	중3				고1			
	1학기	여름 방학	2학기	겨울 방학	1학기	여름 방학	2학기	겨울 방학
공통 수학1 기본	공통 수학1 심화	공통 수학2 기본	공통 수학2 심화 +대수 기본	공통 수학1 고1 내신 대비 +미적분1 기본	공통 수학1 내신 대비	공통 수학2 내신 대비 +미적분1 심화	공통 수학2 내신 대비	확통 +대수 고2 내신 대비

❖ 2학기 선행을 했을 때(공통수학2까지)

예비 중3 겨울 방학	중3				고1			
	1학기	여름 방학	2학기	겨울 방학	1학기	여름 방학	2학기	겨울 방학
공통 수학2 기본	공통 수학2 심화	대수 기본	대수 심화+ 미적분1 기본	공통 수학1 고1 내신 대비 +미적분1 심화	공통 수학1 내신 대비	공통 수학2 내신 대비 +확통	공통 수학2 내신 대비	선택 +대수 고2 내신 대비

내신문제집 소개

(지역마다 내신 문제 유형이 다르니 지역에 맞게 참고)

문제집	구성과 난이도	내용
쎈수학	A단계 - (하) B단계 - (중) C단계 - (상)	유형 문제 풀이에 좋은 교재
고쟁이	1STEP - (하~중하) 2STEP - (중) 3STEP - (상)	2STEP부터는 난도가 꽤 있으며, 내신 대비에 매우 적합한 교재
올림포스 전국연합학력평가 기출문제집	유형연습 - (하~중하) 1등급 도전 - (상)	모의고사 기출문제가 있어서 내신에 도움이 되는 교재
TOT	1STEP - (하) 2STEP - (중) 3STEP - (상)	상위권 학생들에게 적합한 교재
올림포스 고난도	내신필수문제 - (하) 고득점문제 - (중) 1등급문제 - (상)	상위권 학생이 기본 내신 교재를 공부한 후에 풀면 좋은 교재

수능문제집 소개

(성격이 거의 비슷하고 유형별 분류와 문제 양만 차이가 나니 기출문제집 활용)

문제집	구성	내용
자이스토리	-개념확인문제 -기출문제 -기출변형문제 -내신기출 변형 서술형 문제 -단원별 모의고사	가장 많이 쓰이는 수능문제집 중 하나입니다. 많은 양의 기출문제가 유형별로 정리가 잘되어 있으며 여러 가지 풀이 방법을 제시해 줍니다.
마플수능기출 총정리	-최근 1개년도/10개년도/20개년도 교육청, 평가원, 수능, 사관학교/경찰대 기출문제 -오답률 높은 기출문제	역시 가장 많이 쓰이는 수능문제집 중 하나입니다. 많은 양의 기출문제가 유형별/난이도별로 잘 정리되어 있습니다.
EBS 수능특강	-개념정리 -예제&유제 -level 1~3 -대표기출문제	문제 수가 많지 않아 효율적인 학습이 가능합니다.
마더텅 기출문제집	-기본개념문제 -유형정복문제 -최고난도문제 -경찰대/사관학교 기출문제	최근 5개년 수능, 모의평가, 전 문항이 수록되어 있어 매우 두꺼운 편이며 해설도 아주 자세합니다.
수능기출의 미래	-수능유형별 기출 -도전1등급 문제 -경찰대/사관학교 기출문제	적은 양으로 효율적인 학습을 하고자 할 때 적합한 교재입니다.
N기출	-핵심개념 -배점별 문제	3점 집중/4점 집중 별로 문제집이 분리가 되어 있어서 학생 수준에 따라 전략적으로 공부할 수 있습니다.

(!) 중학교 첫 시험은 여러가지로 의미 있는 만큼 세심한 대비가 필요합니다. 중2가 되면 처음으로 내신 시험을 치르게 되면서 수학을 포기하고 싶은 첫 번째 시기를 맞게 됩니다. 초등학교때와는 달리 복잡한 개념과 많은 수학 공부양이 부담스럽습니다. 하지만 이때 수학을 포기하게 되면 앞으로 배울 수학 공부에도 지장을 주기 때문에 부모님과 선생님의 세심한 지도가 필요합니다. 중학교 때와는 확실히 다른 고교 수학에 대비하기 위해서 학생 실력에 따라 중2 여름방학 이후에 선행에 속도를 내도 됩니다. 보통 학생들도 중3 겨울방학부터는 고등학교 1학기, 나아가 2학기까지 미리 공부해 두면 수학 고득점에 유리합니다.

③

수학 공부
몰입하기

고1~고3

MATHEMATICS

중학교 A등급이 고등학교 가면
4등급을 받는다고요?

혜경이는 중학교 3년 내내 수학에서 90점 이상을 맞아 A등급을 받았습니다. 절대평가여서 다른 학생들이 잘 보든 못 보든 상관없이 자신만의 상위권 페이스를 잘 유지했습니다. 노력하면 성적을 곧잘 받았기 때문에 혜경이에게 수학은 자신감을 키워 주는 과목이었습니다. 그런데 고등학교에 가서 4월에 첫 중간고사를 치르고 결과에 당황했습니다. 3년 내내 A등급을 받았던 학생이 갑자기 4등급이 나온 겁니다. 혜경이는 중학교 때 늘 상위권을 유지해 왔기에 고등학교에 진학해서도 당연히 상위권을 유지할 것이라고 생각했습니다. 하지만 현실은 중학교 때와 비교해 10~20점 정도 낮은 점수를 받는 데 그쳤습니다. 혜경이는 수학에 대한 자신감이 떨어지면서 깊은 고민에 빠졌습니다.

중학교와 고등학교 수학은 무척 다릅니다. 일단 중학교 시험은 쉽습니다. 조금만 공부하면 기본으로 80점은 넘기고 90점 이상도 쉽게 받습니다. 중학교는 학생들이 어느 정도 점수가 나오도록 해당 학교 선생님이 난이도를 조정합니다. 반면에 고등학교에서는 변별력을 높여야 하기에 입시에 맞춘 난이도로 시험을 출제합니다.

중학교의 절대평가와 달리 고등학교는 상대평가로 등급을 정합니다. 고등학교에서는 4% 내에 들어야 1등급이고 누적 11%에 들어야 2등급입니다. 표를 참고해서 살펴보면 평균적으로 중학교 때 90점을 넘는 학생의 분포가 40% 정도 됩니다. 이 40%의 마지노선은 고등 내신에서 4등급에 해당합니다. 중학교 A등급에는 고등학교 1~4등급까지의 실력이 포함돼 있습니다. 따라서 중학교 때 90점 넘어 A등급을 받은 학생은 고등학교 때 4등급까지도 나옵니다.

고1 첫 내신 시험을 치르고 나면 학생들은 이제 정말로 수학을 놓아야 할 때인가 고민을 많이 합니다. 두 번째로 수학을 포기하고 싶은 때가 온 겁니다. 수학을 공부하느라 많은 시간을 들였는데 이렇게 결과가 처참하니 이 시간에 차라리 다른 과목에 집중하는 것이 효과적일 것이라고 판단합니다.

중학교 내신 등급 (절대평가)	등급	A	B	C	D	E
	점수	90~100	80~90	70~79	60~69	~59

고등학교 내신 등급 (상대평가)	등급	1등급	2등급	3등급	4등급	5등급	6등급	7등급	8등급	9등급
	누적 비율	~4%	~11%	~23%	~40%	~60%	~77%	~89%	~96%	~100%
	등급 비율	4%	7%	12%	17%	20%	17%	12%	7%	4%

고1 1학기 내신 성적이 나오면 상담 요청이 많이 들어옵니다. 계속 수학을 공부하는 게 맞을지, 앞으로 어떻게 해야 할지 모르겠다고 합니다. 그러면서 동시에 수학과목을 안 보는 학과를 열심히 찾아봅니다.

수학을 포기하고 다른 과목에 집중한다고 잘될까요? 이런 학생들치고 다른 과목에 점수가 더 잘 나오는 학생은 거의 없습니다. 고등학교에 와서 수학을 포기한다는 건 대학 입시의 문을 스스로 좁히는 것과 같습니다. 지금까지도 잘 버텨 왔고 조금만 더 노력하면 되는데 여기서 수학을 놓아 버리면 앞으로의 가능성을 스스로 놓고 마는 것입니다.

역설적이게도 수학을 포기하는 학생이 많기 때문에 조금만 더 하면 수학은 다른 과목의 등급을 올리는 것보다 쉽습니다. 저는 이런 조언을 따끔하게 전하면서 수학 공부를 다시 재정비하도록 돕습니다. 고1 때 시작해도 올바른 수학 공부 습관을 실천하면 늦지 않습니다. 그렇다면 어떻게 대비해야 할까요?

1. 학교 시험은 모두 대학 입학 시험이라는 것을 깨닫고 철저히 준비한다.

초등부터 고등까지 지금까지의 12년 수학 공부는 모두 고등학교 내신 성적과 수능 점수를 위한 것입니다. 그러니 고등학교에서 보는 중간고사, 기말고사 모두 대학 입학 시험이라고 생각하고 대비해야 합니다. 고1 때 보는 시험은 내신으로 들어가고 고2, 고3 때 보는 시험은 내신뿐만이 아니라 수능 시험과 연결됩니다. 단 한 번의 시험도 준비 없이 그냥 보면 안 됩니다.

특히 고1 1학기 중간고사는 중학교 시절을 벗어나서 처음으로 치르는 대학 입학 시험입니다. 첫 시험은 중요하고 의미가 깊습니다. 그 이유는 대부분 첫 시험에서 받은 내신 등급이 잘 안 바뀌기 때문입니다. 고1 1학기 중간고사 때 받는 내신 등급이 큰 힘이 될 수 있고 더 열심히 하게끔 만드는 채찍질이 됩니다.

대학 입학 시험은 내신 성적 수능 성적 모두 관리해야 합니다. "나는 정시로 갈 거니까 내신 성적보다 수능 시험에 올인할 거야"라고 말하는 학생이 있습니다. 이런 생각은 안 됩니다. 수학은 정시 공부와 수능 공부가 같습니다. 고1 수학이 탄탄하지 않고서는 절대 수능 과목 성적이 나올 수 없습니다. 수학은 내신이 수능이고 수능이 내신입니다.

2. 나의 공부 계획표를 만든다.

주먹구구식으로 공부해서는 안 됩니다. 고등학교에 입학하면 수능 입시가 3년도 안 남습니다. 자신이 목표로 하는 대학과 과가 있고 꼭 합격하고 싶다면 계획표를 잘 작성해서 정확하게 공부해야 합니다. 고등공부 계획표는 다음 표를 활용할 수 있습니다.

3. 모든 시험문제는 기출문제에 답이 있다.

지역마다 학교 기출문제 유형이 완전히 다릅니다. 작년 기출문제가 올해 같은 문제로 출제되지는 않습니다, 하지만 출제가 어떤 문제집 유형으로 나오는지는 파악할 수 있습니다. 학교 기출문제 유형으로 내신을 대비해야 합니다. 학교 시험은 어렵게 나오는데 『수학의 정석』과 『쎈수학』으로만 공부해서는 절대 점수가 나오지 않습니다. 또한 학교 시험이 무난한 난이도로 나오는데 모의고사

장기 학습 계획표 예

		공부 내용	교재
1학년	1학기	공통수학1내신	내신교재
	여름학기	공통수학2내신+선행	내신교재+선행교재
	2학기	공통수학2내신	내신교재
	겨울학기	대수내신+선행	내신교재+선행교재
2학년	1학기	대수내신	내신교재
	여름학기	미적분1+선행수능문제 풀이	내신교재+수능교재
	2학기	미적분1	내신교재
	겨울학기	확통수능문제 풀이 +수능대비기출문제 풀이	수능기출문제 풀이
3학년	3월학평	수능문제 풀이	수능기출문제집
	6월학평	수능문제 풀이	수능기출문제집+모의고사풀이
	9월학평	수능문제 풀이	수능기출문제집+모의고사풀이

단기 학습 계획표 예(3월 기준)

일	월	화	수	목	금	토
					1	2
					고쟁이 1단원	고쟁이 1단원
3	4	5	6	7	8	9
고쟁이 2단원 고쟁이 1단원 오답	고쟁이 2단원	고쟁이 3단원 고쟁이 1,2단원 오답	고쟁이 3단원	고쟁이 1,2,3 오답	고쟁이 1,2,3 오답	고쟁이 1,2,3 오답으로 테스트
10	11	12	13	14	15	16
올림포스 1단원	올림포스 1단원	올림포스 2단원	올림포스 2단원	올림포스 1,2단원 오답	올림포스 3단원	올림포스 3단원
17	18	19	20	21	22	23
올림포스 1,2,3 오답	올림포스 1,2,3 오답	기출문제집1	기출문제집1	기출문제집2	기출문제집2	기출문제집 1,2 오답
24	25	26	27	28	29	30
기출문제집3	기출문제집3	기출문제집3 오답	기출문제집 1,2,3 오답	기출문제집 총정리	기출문제집 총정리	기출문제집 총정리

문제 중 어려운 문제로만 시험에 대비해도 효과가 없습니다.

"원장님! 우리 애가 수학머리가 없어서 어려운 문제를 못 풀어요. 학교 시험이 어렵게 나오더라도 쉬운 문제라도 맞히도록 아이 수준에 맞춰서 내신 공부를 해야 할 것 같아요. 이렇게 해도 되나요?"

저는 단호하게 학부모님께 말씀드립니다.

"안 됩니다. 고1 학생이라면 중학교 때와는 달라서 학생 스스로 의지를 높일 수 있습니다. 학교 시험에 많이 나오는 문제는 풀도록 해야 합니다. 당장에 못 풀더라도 다음 시험에는 풀 수 있도록 도전해 봐야겠다는 생각을 하게 해야 합니다."

처음부터 스스로 어려운 문제를 풀어 내지 못해도 구체적으로 설명해 주면 개념과 문제의 의도를 이해합니다. 그것을 자신의 것으로 만드느냐는 학생의 의지입니다. 어려운 문제를 접할 수 있도록 해 주는 것과 아예 제쳐 두는 것은 완전히 다릅니다. 학생들이 앞으로 나아갈 수 있도록 등대 같은 불빛을 비춰 줘야 합니다.

개념이
수학 공부머리를 이긴다

상현이는 당시 고2 학생으로 경기도 일산의 한 고등학교에 다니고 있었습니다. 수학 개념을 알려 주면 잘 알고 문제 해결력이 우수했습니다. 하지만 고2가 되면서 진도를 따라가기 벅차고 수능 준비도 제대로 할 수 없어 저를 찾아왔습니다. 고2 여름방학 기간에 개념 공부를 철저히 하되 수능 문제 풀이도 함께 진행했습니다. 고2 겨울방학 때는 아예 대치동에 원룸을 구해 미적분 개념과 동시에 수능 문제 풀이를 공부하도록 했습니다. 상현이는 수업이 없는 구정에도 학원에 와서 공부할 정도로 열심히 공부했습니다. 고3이 되어 3월 모의고사를 보고 나니 성적이 3등급이 나왔습니다. 수학은 대성공입니다. 그런데 큰 문제가 생겼습니다. 이과 지원 학생이었기 때문에 총 공부 시간의 2분의 1을 수학에만 전념하다 보니 영어와 과탐 점수가 너무 안 좋은 겁니다. 그해 수능에서 수리 영역 등급은 2등급이 나와서 원하는 성적을 받을 수 있었지만 다른 영역은 등급이 잘 안 나와서 재수를 선택했습니다. 한 해 더 공부한 결과, 그다음 해에 다른 과목까지 점수를 올려 원하던 고려대에 진학했습니다. 상현이는 생일이면 항상 저를 찾아옵니다. 저는 그때 맛있는 케이크를 사 줍니다.

민혜는 수학 사고력이 뛰어난 편은 아니지만 중학교 때 배운 개념을 잘 알고 있고 이를 기초로 고등학교 개념도 미리 공부한 상태였습니다. 수능 과목은 개념 심화 공부를 할 때 기출문제 중 쉬운 문제들을 풀게 지도했습니다. 수능 수학 과목은 수능 문제 풀이가 곧 심화 문제 풀이인데 개념 공부가 되어 있기 때문에 이 과정을 잘 따라왔습니다. 민혜는 기본에 충실했고 그 힘으로 단계적으로 실력을 높여 가면서 수능에서 2등급을 받았습니다.

우리나라 중고등학교 수학 공부는 수학머리가 중요한 것이 아니고 전략과 학생의 노력입니다. 수학머리와 상관없이 개념 기초와 심화를 착실히 공부한 후 다음 학년을 미리 공부해 두면 고등학교에 가서 좋은 결과를 얻을 수 있습니다. 수학적 사고력이 우수하지 않은 학생일수록 저는 중학교 때 개념 학습을 강조합니다.

학년이 올라갈수록 수학을 잘하는 아이, 끝까지 상위권을 유지하며 원하는 목표를 이루는 아이는 무엇이 다를까요? 수학 1등급을 받는 아이들은 공부법이 다릅니다. 상위권은 수학의 기본인 개념, 원리, 공식을 이해하는 데 가장 많은 시간을 쏟습니다. 하위권일수록 그 내용을 대충 훑어보거나 소홀히 여기며 바로 문제 풀이에 들어갑니다. 정확한 개념 이해 없이 문제가 풀릴까요? 시간만 더 걸릴 뿐 결국 개념으로 돌아가야 합니다. 개념은 수학의 시작이자 끝입니다. 수학 시험은 개념을 얼마나 정확하게 알고 있느냐를 검증하는 과정입니다. 수학은 개념을 정확히 알 때 쉬워집니다.

개념 기본기가 잡혔다면 개념 선행 공부를 해 나갈 수 있습니다. 중학교 때 만난 학생은 수학 토대를 만들어 놓을 수 있지만, 수학적 재능이 우수하지 않은데 선행 개념 수업이 안 되어 있으면 내신 등급 목표를 중간 이하로 조정합니다. 이 학생은 절대 2등급, 3등급이 나올 수 없습니다. 하지만 수학머리가 특출나지 않더라도 중학생 때 중학교 과정에 대한 개념 공부를 마치고 고등학교 개념까지 미리 공부해 놓으면 최소한 3등급은 나올 수 있습니다.

고등학교 1학년은 내신을 공부하면서 수능 과목에 대한 선행을 하는 기간이고, 고1 겨울방학 때부터는 수능 과목을 공부하는 본격적인 수능 문제 풀이 기간입니다. 이 시기 전에 개념 선행 공부가 되어 있는 학생은 내신 문제 풀이와 수능 문제 풀이를 하는 것이 수월하지만 개념 선행 공부가 안 되어 있는 학생은 개념을 공부하면서 문제 풀이도 해야 하니 수학이 만만치 않습니다.

개념 공부법과 내신 문제 풀이 공부법은 다릅니다. 그래서 개념 공부가 된 학생은 내신 문제 풀이에 집중하면 성적을 끌어올릴 수 있습니다. 여기서 유의할 점은, 개념 기초가 쌓여 있으면 선행이 많이 되어 있지 않더라도 어느 정도 성적이 나올 수 있지만 최고의 성적을 받을 수는 없다는 점입니다. 미리 개념 선행 공부를 해 놓으라는 건 바로 이 때문입니다.

수능 공부도 마찬가지입니다. 수능 시험 문제 풀이는 기출문제 풀이를 하면 됩니다. 문제가 어렵지만 유형별로 반복 학습하면 내신 등급을 받는 것보다 쉽습니다. 수학을 포기하지 않고 꾸준히 공부하면 수능에서 최소 3등급은 받을 수 있습니다. 하지만 미리 개념 심화 공부를 해 놓고 수능 문제 풀이에 시간을 더 많이 할애하면 더 높은 등급을 받을 수 있습니다.

내신과 수능,
끝까지 같이 간다

"나는 내신이 강하니까 내신 성적만 잘 나오게 하고 수시 전형만 연구해서 수시로 갈 거야."

"나는 이미 고1 내신 성적이 안 나오니까 내신 공부는 안 하고 그 시간에 정시 공부만 할 거야."

이런 말들을 입버릇처럼 하는 학생이 많습니다. 수시로만 가겠다, 정시로만 가겠다고 말하지만 스스로도 확신이 안 들어 "이렇게 해도 될까요?"라고 물어봅니다.

저는 절대 이 방법을 추천하지 않습니다. 수학은 내신과 수능이 별개가 아닙니다. 고1 때 보는 학교 내신 시험은 수능 과목이 아닙니다. 하지만 고1 수학을 알아야 수능 과목 문제를 잘 풀 수 있습니다. 고2, 고3 때 배우는 수학은 수능에 포함됩니다. 이때 하는 내신 공부가 곧 수능 공부입니다.

수시로만 대학에 가겠다는 학생도 있습니다. 대학 입시는 여러 전형이 있습니다. 모든 전형을 다 활용해야 합니다. 수시로 가려고 해도 수능 최저등급이 있습니다.

저는 정시와 수시 두 가지를 다 활용하는 방법을 추천합니다. 특히 이과에 지원하는 학생들에게는 무조건 '수리논술'을 준비하게 합니다. 수리논술 문제는 모두 서술형입니다. 학교별로 출제하는 문제 유형은 달라도 개념에 기반한 풀이를 요구한다는 점은 같습니다. 타 과목보다 수학에 재능이 있는 학생은 수리논술 전형으로 목표했던 대학보다 더 좋은 곳에 합격한 학생이 많습니다. 수리논술 전형은 각 대학마다 운영하고 있어 준비해 두면 진학에 유리합니다.

본격적인 수능 대비는 언제 시작하고 언제 마무리할지도 계획을 세워야 합니다.

본격적인 수능 대비 문제 풀이는 고1 겨울방학 때부터 시작합니다. 왜냐하면 고2 때 내신 과목이 수능 과목이라서 그렇습니다. 수능 과목은 개념 공부를 한 후에 바로 기출문제 풀이로 들어가면 됩니다.

제가 학부모님들께 드리는 질문이 있습니다.

"내신 등급을 올리는 것이 쉬울까요? 수능 등급을 올리는 것이 쉬울까요?"

수능 문제 구성은 기출문제에 답이 있기 때문에 수능 등급을 올리는 것이 쉽습니다. 문제 유형을 알고 있기 때문에 지도를 얻은 것과 같습니다. 고2 내신 심화문제 풀이가 곧 수능 문제 풀이입니다.

기출문제를 분석해서 유형별로, 난이도별로 많은 문제로 연습해야 합니다. 수능 문제 풀이는 다음 3단계로 나뉩니다.

	시기	내용
1단계	고2 겨울방학 때까지	대수 미적분1 확통 모든 수능 과목 수능 기출문제 풀이 완료
2단계	고3 6월 학평 때까지	4점 준킬러 문제까지 풀이 완료
3단계	고3 수능 때까지	오답 정리 및 실전 문제 풀이 완료

수능 문제 풀이를 할 때 학생 실력별로 풀어야 할 문제가 있고 버려야 할 문제가 있는 것이 아닙니다. 4점 문제와 준킬러 문제 모두 다루어야 합니다. 이때는 개념이 얼마나 탄탄한가, 어려운 문제의 풀이에 사용되는 개념들을 순서대로 잘 적용할 수 있는가가 관건입니다. 난도 높은 문제들을 여러 번 연습하면 노하우를 얻게 됩니다. 시간 내에 문제를 풀어야 하기에 속도를 신경 써야 하는 것은 기본입니다.

12년 수학 공부의 끝은 수능 시험입니다. 이 시험을 치르기 위해서 초등 시기부터 열심히 수학 공부를 하는 것입니다. 처음부터 차근히 기본을 다지면 나중에는 반드시 수학에서 승자가 됩니다.

◇ Point ◇

(!) 학년이 올라갈수록 수학을 잘하는 아이, 상위권을 지속적으로 유지하다 원하는 목표를 이루는 아이는 공부법이 다릅니다. 수학 1등급 아이들은 개념을 탄탄히 쌓아 가는 데 시간을 많이 들이고 기본에 충실합니다. 중학교에서 A 등급을 받던 아이가 고등학교에서 4등급으로 떨어지면 그때 학생도 부모도 진짜 수학 실력을 알게 됩니다. 이를 잘 이겨 내기 위해서 고교 시험은 모두 대학 입학 시험이라는 생각으로 철저히 공부합니다. 수능과 내신은 택1이 아니라 끝까지 준비해야 지금까지 노력한 수학 공부의 결실을 맺을 수 있습니다.

MATHEMATICS

2부

1등급으로 올라서는 5단계 공부법

1단계

개념
익히기

MATHEMATICS

수학은
개념이다

수능 시험 결과가 나오면 만점자 또는 최고 득점자 학생의 인터뷰가 방송에서 나옵니다. 거의 모든 학생이 인터뷰에서 이런 말을 합니다.

"저는 학교 수업을 충실히 받았고 교과서로 열심히 공부했습니다."

수능 만점자 학생의 공부 비법을 기대한 학생이나 학부모님은 설마 교과서로만 공부해서 만점을 받았겠어? 다른 방법이 있을 텐데 그런 내용은 말을 안 하네, 하고 생각하실 겁니다.

이 말에 포함되어 있는 깊은 의미를 아셔야 합니다. 교과서는 필독 도서입니다. 문제의 양보다 개념 설명이 더 많습니다. 수능 고득점자들이 하는 말의 의미는 '교과서=개념'이라는 뜻입니다.

개념은 수학 공부의 뿌리이자 핵심입니다. 모든 문제는 여기서 가지를 쳐 나옵니다.

그렇다면 개념이란 무엇일까요? 수학에서 개념이란 정의와 공식을 말합니다. 정의는 수학에서 '이렇게 하자'고 정한 약속이고 공식은 그 정의에서 유도된 내용입니다. 수학은 이 개념에 따라 수식으로 문제를 풀어내는 과목입니다.

개념 학습을 통해 수학적 사고력을 키울 수 있고 문제 이해력이 높아지면서 올바른 답을 얻을 수 있습니다. 수학 문제를 성급하게 풀려고 하기 전에 개념을 먼저 알고 외워야 합니다. 외우지 않으면 문제를 풀 때 그 개념들이 쉽게 떠오르지 않아 문제 풀이가 어렵습니다.

흔히들 수학은 사고력으로 푸는 학문이라고 말하지만, 기반이 있어야 사고할 수 있고 문제도 풀 수 있습니다. 개념 학습은 수학의 기초를 만드는 과정입니다.

수학의 정석을 보면 빨간 박스 안에 개념과 공식이 잘 설명돼 있습니다. 이 빨간 박스 안에 있는 내용을 먼저 읽고 확실히 익힌 뒤 외워야 합니다. 이 내용을 알지 못한 채 문제를 풀면 안 됩니다. 이 개념들을 다 알고 난 후 문제를 풀게 되면 이 문제는 이러한 개

인수 정리

다항식 $f(x)$가 $x-a$로 나누어떨어지면 $f(a)=0$이다. 역으로 $f(a)=0$이면 다항식 $f(x)$는 $x-a$로 나누어떨어진다. 이로부터 다음 인수 정리가 성립함을 알 수 있다.

기본정석 ━━━━━━━━━━━━━━━━━━━━━━ 인수 정리 ━━━

다항식 $f(x)$에 대하여
$$f(a)=0 \iff f(x)\text{는 } x-a\text{로 나누어떨어진다}$$
$$\iff f(x)=(x-a)Q(x) \ (Q(x)\text{는 다항식})$$

Advice | 이를테면 $f(x)=x^3-1$에서 $f(1)=0$이므로
$$f(1)=0 \iff f(x)=(x-1)Q(x)$$
로 나타낼 수 있다.

기본정석 ━━━━━━━━━━━━━ 이차방정식과 이차함수의 그래프 ━━━

$f(x)=ax^2+bx+c\,(a\neq0)$에서 $D=b^2-4ac$라고 하면

$a>0$일 때	$D>0$	$D=0$	$D<0$
$y=f(x)$의 그래프			
$f(x)=0$의 해	$x=a,\ x=\beta$	$x=a$(중근)	허근

념을 사용했구나, 하고 알 수 있습니다.

학교에서 또는 혼자 공부하거나 학원에서 수학 문제를 풀 때 문제가 잘 안 풀리고 점수도 오르지 않는 이유는 이 개념 정리가 안 되어 있어서입니다.

개념만으로 준킬러 문제를 풀 수 있다고요? 당연합니다. 수학을 개념으로 풀지 무엇으로 풀겠습니까? 오히려 특별한 풀이 방법을 알려고 하면 그게 바로 망하는 지름길입니다.

수능 시험은 특별한 풀이 방법이 없습니다. 수능 시험은 개념의 이해도를 평가하는 것입니다. 완전히 개념으로만 푼다고 해도 틀린 말이 아닙니다. 그러면 수능 문제 중에서 2점, 3점, 4점으로 구분되는 문제들은 어떤 차이가 있는 것일까요?

2점은 단순히 기본 개념으로 빠르게 답이 나올 수 있는 문제고 3점부터는 두 개 이상의 개념을 순서대로 사용해서 풀어야 하는 문제입니다. 그럼 준킬러 문제는 어떨까요? 이런 문제에는 사용하는 개념이 많습니다. 하나 이상의 개념을 적재적소에서 꺼내어 순서에 맞게 적용하는가가 관건입니다.

저는 고3 수업이 제일 편합니다. 물론 수업 준비에는 상당한 시간이 걸립니다. 고2 수업까지는 판서하면서 풀이 과정을 자세히 설명하는 시간이 많은데 고3은 그렇지 않습니다. 강의 수업 세 시간 동안 분필 한번 잡아 본 적이 없는 경우도 있습니다.

이런 강의가 가능한 것은 말로만 강의를 해도 학생들이 잘 따라올 정도로 개념 파악이 잘 되어 있기 때문입니다. 문제 풀이를 할 때는 학생들의 사고를 끄집어냅니다. 조건별로 생각해 내야 하는 개념들을 스스로 정리하도록 합니다. 유형별 문제 풀이 연습하면 조건에 따른 개념들이 바로 나옵니다. 답을 내기 위해서는 이 개념들을 잘 배치해야 합니다. 개념들을 순차적으로 배열하지 못하고 뒤죽박죽 알면 모든 개념을 사용할 수 없어서 정답을 낼 수가 없습니다. 이래서 개념이 중요합니다.

수학 문제는 외워 둔 개념으로 푸는 것입니다. 그런데 외워 둔 개념이 너무나도 많습니다. 배우면 배울수록 개념이 산더미같이 많습니다. 풀다가 개념을 까먹기도 하고 잘못 적용하기도 합니다. 문제 풀이의 축인 개념을 정확하게 알아야 합니다. 문제를 풀기 전에 개념의 뿌리가 되는 모개념을 쓰는 습관을 들이면 반복적인 개념 정리가 될 뿐만 아니라 유형 문제 정리도 됩니다.

모개념은 한 개념의 기본이 되는 개념입니다. 저는 학생들에게 수학 문제를 읽고 풀기 전에 문제 풀이에 사용되는 개념 공식과 해당 개념이 나온 단원명을 먼저 시험지 상단에 적으라고 합니다.

$(x-1)(x+1)(x^2+1)(x^4+1)(x^8+1)=x^a+b$일 때,
상수 a, b에 대하여 $a-b$의 값을 구하시오.

단원명	인수분해
사용되는 공식	합차공식, $a^2-b^2=(a+b)(a-b)$
정답	17

$(x-1)(x+1)(x^2+1)(x^4+1)(x^8+1)$
$= (x^2-1)(x^2+1)(x^4+1)(x^8+1)$
$= (x^4-1)(x^4+1)(x^8+1)$
$= (x^8-1)(x^8+1)$
$= x^{16}-1$

$\therefore a=16, \ b=-1$
$a-b=17$

적어 놓고 보면서 풀면 문제가 정확하게 잘 풀리니까 적게 합니다. 제한된 시간 안에 문제를 풀기도 빠듯한데 공식까지 적으면서 풀면 시간이 더 부족하지 않을까요? 절대 그렇지 않습니다. 풀다가 헤매는 것보다 훨씬 시간이 단축됩니다. 이 모개념 공식을 쓰는 데는 시간이 얼마 안 걸립니다. 자꾸 쓰다 보면 잘 외워져서 빨리 쓰게 되고 요령도 생깁니다.

앞으로 자녀가 수학을 공부할 때는 문제를 풀기 전에 시험지에 모개념을 쓰고 풀도록 해 보세요. 이보다 더 개념을 탄탄하게 하는 연습은 없습니다.

수학 문제는
개념으로 푸는 것

학생들이 수학 문제를 푸는 것을 잘 살펴보면 몇 가지 유형으로 나눌 수 있습니다.

첫째, 집중을 못 하고 가만히 문제를 쳐다만 보고 있다가 마지못해 겨우 푸는 학생

둘째, 문제를 읽고 풀다가 지우고 다시 읽고 풀고 지우는 것을

반복하는 학생

　셋째, 문제를 읽고 고민하고 생각한 후에 풀이 과정을 또박또박 쓰면서 푸는 학생

　넷째, 문제를 읽고 풀다가 한참을 고민하고 그 후에 풀다가 또 멈췄다가 푸는 학생

　위의 네 명 중 수학 공부 습관이 잘 잡힌 학생은 누구일까요? 당연히 세 번째 학생이겠죠. 다른 학생들과의 차이점이 뭘까요? 무슨 힘으로 문제를 잘 푸는 것일까요? 그것은 바로 문제에 포함되어 있는 개념을 잘 사용하는 것입니다. 개념은 왜 배우는 것일까요? 맞습니다. 문제 풀이에 사용하려고 배웁니다. 수학 문제는 배운 개념으로 푸는 것입니다.

　문제를 접했을 때 바로 개념을 적용할 수 있으려면 개념들을 외워 놔야 합니다. 그것도 잘 정리해서 외워 놔야 합니다. 외우지 않고 이해만 하고 넘어가면 시험에서 개념을 빨리 적용할 수가 없습니다. 수학 문제는 외워 둔 개념으로 푸는 것입니다. 문제를 받았을 때 어떻게 풀지 방향이 안 잡히는 경우는 대부분 개념이 불확실해서 그렇습니다. 학교 시험은 시험 시간이 정해져 있기 때문에 한 문제만 붙잡고 있으면 안 됩니다. 빨리 풀어야 합니다. 이렇게

빨리 푸는 힘은 어디에서 나올까요? 정확하게 이해하고 외워 둔 개념의 힘에서 나옵니다.

"수학 문제는 학생 본인의 창의력과 사고력으로 스스로 해답을 찾아 풀어야 한다."

이러한 논리를 주장하는 선생님들도 계십니다. 창의력 수학은 이렇게 푸는 것이 맞습니다. 하지만 대입을 목표로 하는 중학교 이상 학생들은 학교 시험과 수능 시험을 준비해야 하기에 이러한 방법을 택하면 안 됩니다. 그리고 굳이 이렇게 할 필요가 없습니다. 수학 문제는 창의력을 사용하는 것보다 배운 개념을 외워서 정확하게 빨리 푸는 것이 훨씬 유리합니다.

뼈대 학습법은 곧
개념 학습법이다

개념과 해설지의 풀이 내용을 보면 이해하지만 막상 혼자서 문제를 못 푸는 학생이 많습니다. 그래서 수학을 더 쉽고 공부할 수 있도록 하고자 '뼈대 학습법'을 소개합니다.

뼈대 학습법이 특별한 것은 아닙니다. 수학에서 뼈대란 무엇일까요? 바로 개념과 공식, 그리고 관련된 필수 문제입니다. 개념과

1) 선분 AB를 3 : 1로 내분하는 점 P와 선분 AB를 1 : 2로 외분하는 점 Q에 대하여 $\overline{PQ} = t\overline{AB}$일 때, 상수 t의 값은?

단원 명	평면좌표
사용되는 공식	내분 $\Rightarrow$ $\overline{AB}$는 $m+n$ 외분 $\Rightarrow$ $\overline{AB}$는 $m-n$
정 답	$\dfrac{7}{4}$

(선분 도해: $\overset{4k}{\longleftarrow} \quad \overset{7k}{\longleftarrow} \quad \overset{k}{\longleftarrow}$)
$Q \quad\quad A \quad\quad P \quad B$

점 P는 $\overline{AB}$를 3:1 내분

∴ $\overline{AP} = 3k$, $\overline{BP} = k$

점 Q는 $\overline{AB}$를 1:2 외분

이며 $\overline{AB} \Rightarrow m-n = 1$

즉 1의 비율에 해당.

$\overline{QA} = \overline{AB} = 4k$

$\overline{PQ} = 7k$, $\overline{AB} = 4k$

∴ $7k = 4k \times t$

∴ $t = \dfrac{7}{4}$

2) 그림과 같이 $\overline{AB} = 5$, $\overline{AC} = 3$인 삼각형 ABC가 있다. 선분 BC를 1 : 3으로 내분하는 점 D에 대하여 $\overline{AD} = \sqrt{15}$일 때, 선분 BC의 길이는?

단원 명	평면좌표
사용되는 공식	중선 정리. $a^2 + b^2 = 2(c^2 + d^2)$
정 답	$4\sqrt{2}$

(삼각형 도해: A 꼭짓점, 5와 3, 내부에 $\sqrt{15}$와 d, 밑변 B - D - M - C)

△ABC에서 중선 정리에 의해

$25 + 9 = 2(d^2 + 4x^2)$

∴ $d^2 + 4x^2 = 17$ ··· ①

△ABM에서 중선정리에 의해

$25 + d^2 = 2(x^2 + 15)$

∴ $d^2 - 2x^2 = 5$ ··· ②

① $-$ ② $\Rightarrow$ $6x^2 = 12$ ∴ $x = \sqrt{2}$
$d = 3$.

∴ $\overline{BC} = 4x = 4\sqrt{2}$

공식을 공부하고 방금 익힌 이 뼈대를 바로 적용하는 문제만 풀어서 정리하는 겁니다. 한번 풀어서는 외워지지 않으므로 여러 번 풀어 보면서 공식과 관련된 문제까지 외웁니다.

이 뼈대 학습법으로 공부할 때 꼭 실천해야 할 점이 있습니다. 바로 문제 풀이에 들어가기 전에 해당 문제의 단원명과 문제에 활용되는 개념과 공식, 이 두 가지를 반드시 써 보는 것입니다. 풀이만 적는 것보다 훨씬 빠르고 또 실수 없이 문제를 풀 수 있습니다.

수학 개념들은 연결되어 있습니다. 중등과정에서 나온 개념이 고등과정에서 변화된 모습으로 또 나옵니다. 이러한 흐름을 뼈대처럼 알아야 합니다. 방정식 뼈대, 부등식 뼈대, 일차함수 뼈대, 제곱근 뼈대, 최대최소 뼈대, 삼각함수 뼈대, 그래프 그리는 유형 뼈대 등등입니다.

뼈대 학습법은 과정을 다 배운 후 복습 겸 다시 개념을 정리하는 방법입니다. 선행 수업을 한 학생은 같은 뼈대에서 나중에 배운 개념을 현재 다 적용해서 풀어도 됩니다.

예를 들면, 경우의 수 뼈대의 시작은 중학교 2학년인데 이 뼈대가 공통수학1에서 순열 조합 개념으로 정리돼서 나옵니다. 중등과정에서 일일이 세어서 구하던 경우의 수를 고등과정에서는 순열 조합 공식을 이용해 간단하고 정확하게 빨리 풀 수 있습니다.

고등과정까지 개념 공부를 다 하면 이러한 뼈대가 만들어집니다. 그래서 같은 유형의 문제들을 제일 효율적인 개념을 사용해서 풀면 됩니다. 이것보다 더 효율적인 방법이 있을까요? 만약 선행 공부가 되어 있다면 문제 풀이에 유리합니다. 선행을 하지 않고 자기 학년 것만 공부하면 알고 있는 뼈대가 적기 때문에 사용할 수 있는 것에 한계가 있습니다.

주의하실 점은 처음 배울 때는 절대 뼈대 학습법으로 공부하면 안 된다는 것입니다. 교육과정의 순서를 무시하고 중등과정 고등과정 통틀어서 방정식 부분만, 일차함수 부분만, 경우의 수 부분만 배우거나 이러한 방법으로 처음 개념 공부를 하면 절대 안 됩니다. 과정을 건너뛰었기 때문에 그 사이에 있는 개념들을 몰라 문제 풀이가 안 됩니다. 문제 풀이는 그 앞 과정까지의 내용으로 풀어야 합니다. 문제 풀이가 안 되니 개념이 이해가 안 되고 외워지지도 않는 데다 문제 풀이에 어떻게 적용하는지도 몰라서 그 개념은 무용지물이 됩니다.

뼈대 학습법은 오답을 다시 공부할 때 효과적입니다. 제곱근은 중3 상 과정에서 처음 나옵니다. 그리고 대수의 지수 단원에서 제곱근이 진화돼서 또 나옵니다. 같은 뼈대에서 진화돼서 나온 개념이 헷갈리는 경우가 있습니다. 같은 뼈대의 하위 단계가 탄탄하지 않으면 그 뼈대는 무너집니다. 대수에서 나오는 제곱근과 관련된 내용이 헷갈리면 뼈대를 타고 쭉 내려가서 중3-1 과정의 제곱근까지 공부하면 됩니다. 그러면 헷갈리지 않습니다.

오답이 나오는 이유의 대부분은 개념 학습 부족입니다. 이 개념은 이제 처음 배우는 것이 아니고 예전에 배운 개념에 옷을 더 입힌 것인 경우가 많습니다. 지금 나오는 개념들이 헷갈리면 반드시 뼈대를 타고 내려가 봐야 합니다. 이렇게 뼈대로 공부하는 학생들은 수학 고득점에 유리합니다. 뼈대의 아랫부분을 정확하게 다지지 않고 공부하면 이 유형의 문제는 계속 반복해서 오답이 나옵니다.

◇ **Point** ◇

(!) 수학은 암기해 둔 개념을 가져와 수식으로 문제를 푸는 과목으로 개념 정리가 먼저 되어야 합니다. 단원별로 공식 정의 알기, 공식 증명하기, 정의와 공식을 완벽히 암기하기가 가능하면 개념 학습은 완성됩니다. 한 과정의 공부가 끝난 뒤 뼈대 학습법으로 개념을 정리해 보고 문제 풀이 전 모개념을 써놓고 문제 푸는 연습을 하면 개념 학습 효율을 높일 수 있습니다.

2단계

공식 암기

수학은

암기다

저는 전작인 『수학은 암기다』에서 암기의 중요성을 강조했습니다. 수학은 암기할 때 완성할 수 있습니다.

수학에서 외워야 할 것은 정의, 용어, 공식, 문제 풀이의 모개념이 네 가지입니다. 정의와 용어는 수학에서 '그렇게 하자'고 약속한 것이니 무조건 외워야 합니다. 공식은 스스로 증명해서 외웁니다. 모개념은 문제 풀이에서 사용하는 제일 간단한 개념으로 문제 유형별로 외워야 합니다.

이 암기의 기준은 다른 사람에게 설명할 수 있을 정도, 또는 백지에 그 내용을 막힘없이 써 내려갈 수 있을 정도로 꼼꼼히 알아야 합니다. 수학이 어려운 이유는 이렇게 설명할 수 없을 만큼 완벽히 외우지 않아서입니다. 외워야 문제가 풀립니다.

암기를 오해하는 분들이 계십니다. 이때의 암기는 무조건적인 패턴 공식 암기와는 다릅니다. 공식 대입하기로 공부한 학생들은 수능 문제를 풀 수 없습니다. 패턴 공식을 어떻게 도출해 내는지 증명도 못 하면서 무작정 외워 놓으면 바로 그 공식을 대입해서 답을 구할 수 있는 문제가 별로 없습니다. 수학 문제 풀이도 많이 하고 수학 공부를 한 시간도 많은데 성적이 안 나오는 이유는 바로 이것입니다. 제가 제일 위험하다고 생각하는 수업이 패턴 공식 암기로 문제 풀이를 하는 것입니다.

책에 있는 인수분해 공식을 다 외워야 하냐고요? 그냥 문제가 주어지면 공식을 생각해 내서 풀면 되지 않나요? 그렇지 않습니다. 일단 공식을 다 외워 놓아야 합니다. 그래야 어떤 공식이 있는지 머릿속에 넣어둘 수 있기 때문입니다. 공식을 다 외워 놓아야 이 공식을 쓸까, 저 공식을 쓸까 판단할 수 있습니다. 하지만 다 외워 놓지 않으면 공식이 있는데 내가 생각을 못 하는 것인지 아니면 이 문제에 적용할 공식이 없는 것인지 판단이 안 됩니다. 오답 정리도 제대로 안 됩니다.

수학 공부를 하면 개념을 다 안다고들 생각합니다. 이것은 듣고 봐서 아는 것입니다. 실제로 내가 정확하게 말하거나 쓸 줄 알아야 아는 겁니다. 그러지 못하면 어설프게 아는 것 혹은 아예 모르는 것이나 마찬가지입니다.

공식을 잘 외웠는지는 아래 내용처럼 확인해 볼 수 있습니다.

1. 인수분해 공식을 다 쓰세요.

2. 정사각형에는 어떤 성질이 있는지 쓰세요.

3. 삼각형의 합동 조건을 다 쓰세요.

4. 나머지정리 공식을 쓰고 증명하세요.

5. 조립제법을 설명하고 증명하세요.

정사각형에는 어떤 성질이 있는지 개념서에 있는 내용 그대로 암기해서 써야 합니다. 삼각형의 합동 조건도 마찬가지로 개념서의 내용대로 써야 합니다. 개념서 내용대로 쓰기 위해서는 공식을 증명할 수 있을 만큼 깊이 안 다음에 외워야 합니다. 어떤 분들은 수학은 이해 과목이라고 하는데 아닙니다. 이해하고 외우는 과목입니다. 이해만 하고 외워 놓지 않으면 정확하게 꺼내서 문제 풀이를 할 수 없습니다.

그래서 저는 개념 설명에 중점을 두어 수업을 하고 이 개념에 대한 테스트를 실시합니다. 위와 같은 내용의 테스트를 계속 반복하면 학생들이 안 외울 수가 없습니다. 이렇게 테스트를 계속하면서 개념서의 개념 부분을 다 외우게 되는 것입니다. 얼마나 막강한 힘이 되겠습니까? 이렇게 외운 개념 공식은 문제를 풀 때 정답으로 가는 길을 밝혀 주는 환한 불빛과도 같은 역할을 합니다.

수학을 어려워하는 학생은 수학을 못 하는 것이 아니라 수학 공부 방법을 모르는 것입니다. 개념, 성질, 공식을 다 알고 증명하고 암기까지 하게 하십시오. 아무리 수학머리가 안 좋은 학생도 외울 수는 있습니다. 수학머리가 안 좋아서 수학 문제를 못 푼다는 것은 거짓말입니다. 개념 공식을 외웠는데 문제를 못 풀 수는 없습니다. 단, 어려운 문제는 좀 더 유형 문제 풀이를 하면 됩니다. 수학은 이해 과목이 아니고 알고 외우는 과목입니다.

수학은
증명하는 과목이다

단원에 공식이 있으면 다 증명해야 합니다. 성질도 증명해야 합니다. 선생님이 혼자 증명하고 학생에게는 무작정 외우라고 하면 안 됩니다. 이런 일들이 학생들이 수학을 어려워하고 멀리하게 되는 계기가 될 수 있습니다. 증명할 수 없는 공식은 어떻게 적용해야 하는지 확신이 들지 않습니다. 하지만 증명한 공식은 완전히 내 것으로 소화되어 머릿속에 남습니다.

공식을 증명해야 하는 이유는 무엇일까요?

첫째, 공식을 증명하는 과정이 실제로 문제 풀이에 적용됩니다. 둘째, 증명을 해야 잘 외워지고 문제 풀이가 쉬워집니다. 증명을 하지 않고 무작정 외운 공식은 학생도 공식을 쓸 때마다 자신이 없습니다. 심지어 저는 공식 증명을 하지 않고 외우려고만 하는 학생은 비양심적이라고 생각합니다.

저는 학생들에게 다음과 같은 증명 문제를 많이 냅니다.

1. 원 둘레의 길이와 넓이 공식을 쓰고 증명하세요(중등 1-2).

2. 등변사다리꼴의 성질을 쓰고 증명하세요(중등 2-2).

3. 이차방정식의 근의 공식을 쓰고 증명하세요(중등 3-1).

4. 켤레복소수의 성질을 쓰고 증명하세요(공통수학1).

5. 사인법칙을 쓰고 증명하세요(대수).

위의 내용을 다 증명할 수 있다면 굉장한 것입니다. 선생님들이 열 문제를 설명하는 것보다 위의 한 공식을 증명해 주는 것이 학생들의 수학 공부 동기를 자극할 수 있습니다. 이 공식들이 어떻게 나왔을까, 하고 학생들이 호기심을 가지게 되기 때문입니다. 이처럼 공식을 증명하는 과정도 다 수학의 일부분이고 교과 공부가 됩니다.

개념서를 고르실 때는 공식이나 성질에 대한 증명이 잘되어 있는 책을 골라야 합니다. 증명이 안 되어 있는 책으로 공부하면 안됩니다. 처음 개념 공부를 할 때 문제집으로만 공부하는 학생이 있습니다. 예를 들어서 『쎈수학』+『RPM』으로 처음 개념 공부를 하는 학생이 있습니다. 이 책들은 좋은 문제집이지 개념서가 아니라서 개념 설명이 포함되어 있지 않습니다. 따라서 공식 증명도 없습니다.

중학교 1학년이 된 수진이가 학원 입학 상담을 하러 왔습니다. 입학 상담에서는 학생이 어떤 책으로 공부했는지를 제일 먼저 꼭 체크합니다.

"수진이는 최종 과정을 어디까지 했나요?"

"얼마 전까지 중3-1 문제 풀이까지 다 했습니다."

"중3-1 과정은 무슨 책으로 공부를 했나요?"

<이차방정식의 근과 계수와의 관계>

x에 관한 이차방정식 $ax^2+bx+c=0$의 두 근을 α,β라고 하면

$$\alpha+\beta=-\frac{b}{a}, \ \alpha\beta=\frac{c}{a}$$

위 과정을 증명을 하면 다음과 같다.

x에 관한 이차방정식 $ax^2+bx+c=0$의 두 근을 α,β를

$$\alpha=\frac{-b+\sqrt{b^2-4ac}}{2a}, \ \beta=\frac{-b-\sqrt{b^2-4ac}}{2a} \text{ 로 놓으면}$$

$$\alpha+\beta=\frac{-b+\sqrt{b^2-4ac}}{2a}+\frac{-b-\sqrt{b^2-4ac}}{2a}=\frac{-2b}{2a}=-\frac{b}{a},$$

$$\alpha\beta=\frac{-b+\sqrt{b^2-4ac}}{2a}\times\frac{-b-\sqrt{b^2-4ac}}{2a}=\frac{b^2-(b^2-4ac)}{4a^2}=\frac{c}{a}$$

를 얻는다.

따라서 $\alpha+\beta$(두근의합)$=-\frac{b}{a}$, $\alpha\beta$(두근의곱)$=\frac{c}{a}$ 을 나타낼 수 있다.

"『쎈수학』이랑 『RPM』을 1회씩 풀었습니다."

"개념서는 안 하고 문제만 풀었나요?"

만약 수진이처럼 개념을 문제집으로만 공부했다고 하면 개념 공부가 안 되어 있다고 판단합니다. 수진이는 이후 중3-1 과정으로 테스트를 보았고, 예측한 대로 문제를 잘 풀지 못했습니다. 그만큼 개념 파악에는 증명 과정이 중요합니다.

저는 실제로 학원 시험에 증명 문제는 다 개념 백지 테스트로 출제합니다. 만약에 공식을 까먹었거나 헷갈리면 실제로 공식을 유도해서 적용하면 됩니다. 이러한 과정들이 수학 시험을 잘 치르게 하는 힘입니다. 증명을 하는 것이 개념 공부입니다.

개념서의 풀이와 목차는
반드시 외운다

개념서의 역할은 굉장히 중요합니다. 중등과정 개념서로는 『개념원리』, 『개념플러스유형』, 『숨마쿰라우데』 등이 있고 고등과정 개념서로는 『수학의 정석』, 『개념원리』, 『수학의 샘』, 『숨마쿰라우데』 등이 있습니다. 본인에게 맞는 개념서를 선택하되 개념서는 한 권이면 됩니다.

『수학의 정석』을 기준으로 개념서 공부하는 방법을 설명하겠습니다.

개념서는 보통 '개념 설명+기본문제+유제+심화문제'로 구성되어 있습니다. 모든 책에는 개념을 이용하는 기본문제가 있는데 이 기본문제의 풀이가 문제 바로 아래에 있습니다. 같은 쪽에 있는 유제는 문제만 있고 풀이가 뒤쪽에 있습니다. 이 유제는 기본문제와 같은 유형의 문제입니다.

여기서 기본문제를 풀 때 해답을 안 보고 푸는 학생이 있습니다. 개념서와 문제집은 분리해서 생각해야 합니다. 처음 개념 공식을 배울 때는 문제에 적용하는 방법을 알아야 합니다. 이 개념들을 사용하는 문제를 기본문제에 모아 놓은 것입니다.

개념서 기본문제를 풀 때는 풀이 과정을 보면서 풀어야 합니다. 풀이는 문제집의 해설지와 같은 풀이가 아니라 당장 공부해야 하는 풀이입니다. 그 뒤에 이 기본문제와 같은 유형인 유제를 풀 때는 스스로 풀어 본 후 오답이 나온 경우라면 절대 뒤쪽의 해설을 보면 안 됩니다. 유제에서 오답이 나왔다는 것은 기본문제에 적용되는 내용을 잘 모르는 상태라는 걸 의미합니다. 그렇기에 개념 공

기본 문제 7-2 다음 방정식을 푸시오.

(1) $|x-1|=2x+4$ (2) $|x+2|+|x-3|=7$ (3) $|x-1|=|3-x|$

───────────────────────────────

정석연구 절댓값 기호 안에 미지수를 포함한 방정식은

정석 $A \geq 0$일 때 $|A|=A$, $A<0$일 때 $|A|=-A$

를 이용하여 먼저 절댓값 기호를 없앤 다음 푼다.

그리고 (2)와 같이 절댓값 기호가 두 개 이상 있을 때에는

(i) 절댓값 기호 안이 0이 되는 x의
값을 구한다. 곧, $x=-2$, $x=3$

(ii) 위에서 얻은 $x=-2$, $x=3$을 경
계로 하여 절댓값 기호 안의 부호가
바뀌므로

$$x<-2일 때, \quad -2 \leq x<3일 때, \quad x \geq 3일 때$$

의 각 범위에서 절댓값 기호를 없앤 식을 구한다. 이렇게 얻은 해는
각각의 범위에 적합한가를 반드시 확인해야 한다.

또, (3)과 같은 꼴은 (2)와 같이 풀어도 되지만

정석 $|A|=|B| \iff A=\pm B$

를 이용하면 더욱 간편하다.

모범답안 (1) $|x-1|=2x+4$에서

$x \geq 1$일 때 $x-1=2x+4$ $\therefore x=-5(x \geq 1$에 모순$)$

$x<1$일 때 $-x+1=2x+4$ $\therefore x=-1(x<1$에 적합$)$ 답 $x=-1$

(2) $|x+2|+|x-3|=7$에서

$x<-2$일 때 $-x-2-x+3=7$ $\therefore x=-3(x<-2$에 적합$)$

$-2 \leq x<3$일 때 $x+2-x+3=7$ $\therefore 0 \times x=2$ $\therefore$ 해가 없다.

$x \geq 3$일 때 $x+2+x-3=7$ $\therefore x=4(x \geq 3$에 적합$)$ 답 $x=-3, 4$

(3) $|x-1|=|3-x|$에서 $x-1=\pm(3-x)$

$x-1=3-x$일 때 $2x=4$ $\therefore x=2$

$x-1=-(3-x)$일 때 $0 \times x=-2$가 되어 해가 없다.   답 $x=2$

유제 7-3. 다음 방정식을 푸시오.

(1) $|x-2|=3$ (2) $|x-4|+|x-3|=2$ (3) $|x-3|-|4-x|=0$

답 (1) $x=-1, 5$ (2) $x=\dfrac{5}{2}, \dfrac{9}{2}$ (3) $x=\dfrac{7}{2}$

부를 다시 하고 기본문제를 해설을 보면서 다시 공부한 뒤에 유제를 풀어야 합니다. 이 유제를 완벽하게 풀면 해당 쪽에 해당되는 개념 풀이는 완벽하게 된 것입니다.

또한 개념서의 목차를 다 외웁니다. 한 단원 한 단원 진도를 나가면서 외우면 됩니다. 한 과정이 다 끝난 후에는 전체 목차를 떠올려서 써 보는 목차 테스트를 해야 합니다.

목차 테스트를 하면 각 목차별로 개념 정리가 잘됩니다. 수학은 개념 공식들을 다 숙지해야 하며, 머릿속에 각 목차별로 정리해서 외워 놓아야 합니다. 목차가 서랍이고 거기에 정리한다고 생각하면 됩니다. 그래서 문제 풀이를 할 때 '공통수학1 과정 4장의 나머지정리 공식을 사용하면 되는구나' 하고 공식이 바로 떠올라야 합니다. 목차로 정리하지 않으면 개념 공식들이 산만해서 정리가 잘 안 되고, 그러면 꺼내 쓸 때 실수가 나옵니다. 그렇기에 목차를 잘 외워 놓으면 문제 풀 때 많은 도움이 됩니다.

\<공통수학1-『수학의 정석』 기준\> 목차 테스트 예

(!) 　정의, 용어, 공식, 그리고 문제풀이의 모개념을 외워야 합니다. 개념서에 있는 공식을 증명할 수 있다면 수학 공부를 제대로 하고 있는 것입니다. 가장 먼저 수학 교과서의 개념을 읽고 이 내용을 다 외울 수 있다면 수학은 술술 풀립니다.

3단계

백지
텍스트

MATHEMATICS

한 번에 개념을
확인하는 법

개념 백지 테스트는 수학의 정의, 성질, 공식을 말 그대로 백지에 써 내려가는 것을 말합니다. 준비물은 백지(A4 용지)와 필기도구만 있으면 됩니다. 정해진 형식도 없고 시간 제한도 없습니다. 배운 내용을 스스로 쭉 정리하듯 백지에 써 보는 것입니다.

단, 종이에 아무런 내용이 있으면 안 됩니다. 제목부터 본인이 적어서 백지의 시작부터 끝까지 스스로 채워야만 합니다. 백지를 마주했을 때의 긴장감부터 써 내려가는 자신감, 백지를 다 채웠을 때 느끼는 뿌듯함까지 학생이 체험해야 합니다. 혹시 백지의 공란을 채우지 못했다면 수학에 대한 막막함과 입시에 대한 두려움을 느끼게 됩니다. 이를 통해 자신의 수학 실력을 객관적으로 바라보면서 진지하게 공부할 수 있는 원동력이 생깁니다.

백지 테스트는 형식이 없지만 최소한의 작성 방법은 이렇습니다. 백지 개념 정리는 소단원별로 진행하면 점검이 잘됩니다. 한 단원 안에 있는 정의와 성질, 개념과 공식을 모두 정리해서 써 보고 교과서나 개념서와 비교해 봅니다. 유형별 문제를 정리할 수도 있고 외운 문제를 쓰고 문제 풀이를 써 나갈 수 있습니다. 또한 과정이 끝나면 목차를 외워서 써 볼 수 있습니다. 그렇게 백지를 다 채우고 나면 틀린 부분, 또는 빠진 부분을 확인해 다시 정리합니다.

백지 테스트는 스스로 문제를 내고 확인할 수 있기 때문에 학생이 직접 할 수 있습니다. 하지만 처음에는 이 과정이 어색할 수 있기에 선생님이나 부모님이 점검해 주시면 좋습니다. 학생이 백지를 쓰고 나면 빨간색 펜으로 부족한 내용이나 잘못 쓴 부분을 표시하거나 정정하고 보완해 주시면 됩니다. 테스트는 개념이 모두 암기되어 정리될 때까지 하고 이 과정까지 마친 후 파일에 모아 보관합니다.

저는 공교육에서 학생들을 가르칠 때는 여러 상황상 실시하지 못했던 여러 가지 방법을 사교육 현장에서 마음껏 시도하며 학생들을 가르쳤습니다. 그중 하나가 백지 테스트로 매시간 이 시험을 실시했습니다. 전날 배운 개념들을 정리해서 쓰라고 하기도 하고,

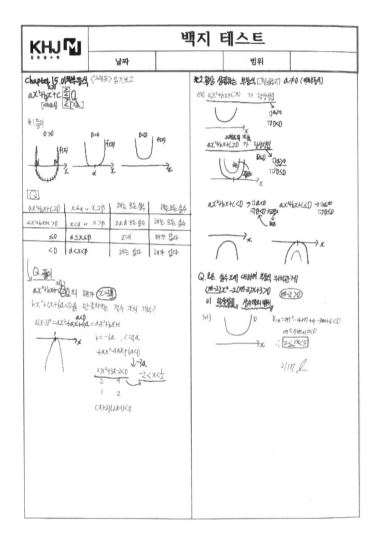

Chapter 15. 이차부등식 〈그래프〉 읽기,보고

ax^2+bx+c

*1. 풀이

$D>0$ $D=0$ $D<0$

Q

$ax^2+bx+c<0$	$x<\alpha$ 또는 $x>\beta$	해는 모든 실수	해는 모든 실수
$ax^2+bx+c>0$	$x<\alpha$ 또는 $x>\beta$	$x\neq\alpha$ 모든 실수	해는 모든 실수
≤ 0	$\alpha\leq x\leq\beta$	$x=\alpha$	해가 없다
<0	$\alpha<x<\beta$	해는 없다	해가 없다

Q 풀이

$ax^2+bx+c<0$ 의 해가 $x<2$ 꼴

$b^2+cx+6a<0$ 를 만족시키는 정수 x의 개수?

$a(x-3)^2=ax^2+6ax+9a=ax^2+bx+c$

$b=-6a$, $c=9a$

$+6x^2-6ax+9a<0$

$2(x^2+3x-2<0)$ $-2<x<\frac{1}{2}$

$(x+2)(2x-1)<0$

*2. 항상 성립하는 부등식 [도움식] $a\neq0$ (이차부등식)

ex) $ax^2+bx+c>0$ 가 항상성립

ㄱ)$a>0$
ㄴ)$D<0$

$ax^2+bx+c\geq0$ 가 항상성립

ㄱ)$a>0$
ㄴ)$D\leq0$

$ax^2+bx+c<0$ ㄱ)$a<0$ $ax^2+bx+c\leq0$ ㄱ)$a<0$
ㄴ)$D<0$ ㄴ)$D\leq0$

Q. 모든 실수에 대하여 부등식 위치관계

$(m-2)x^2-2(m-2)x+3>0$ ($m-2>0$)

이 항상성립   실수 m의 범위?

sol) $D/4=m^2-4m+4-3m+6<0$

$m^2-7m+10<0$

$\therefore 2<m<5$

기기기

중요한 공식을 증명하라고 하기도 했으며, 학생들이 어려워하는 유형의 문제들은 직접 문제를 쓰고 풀이를 적도록 했습니다.

수학 실력이 느는 것을 스스로 체감하면서 제 수업을 좋아하지 않은 학생은 없습니다. 저는 학생이 주도적으로 수업에 참여하면서 공부에 마음을 열어 가는 모습을 보았습니다.

"화이트보드에 해도 되나요?"
"물론입니다 화이트보드에 써도 됩니다."
"말로 설명하도록 해도 되나요?"
"당연합니다. 말로 설명하는 것도 효과가 매우 좋습니다."
"수학은 문제 풀이 과목이 아닙니다. 개념을 정확하게 알고 외우는 암기 과목입니다."

기초부터 심화까지
할수록 쉬워진다

"어려운 문제는 어떻게 푸나요?"
"우리 애는 어려운 문제만 나오면 생각을 안 하려고 해요. 어떻

중근
(1) 이차방정식의 두 해가 중복될 때, 이 해를 그 이차방정식의 중근이라 한다.

(2) 이차방정식이 (완전제곱식)=0 꼴로 나타내어지면 중근을 갖는다.

이차방정식 구하기

(1) 두 근이 α, β이고 x^2의 계수가 a인 이차방정식은 $a(x-\alpha)(x-\beta)=0$
$\Rightarrow a\{x^2-(\alpha+\beta)x+\alpha\beta\}=0$

(2) 중근이 α이고 x^2의 계수가 a인 이차방정식은 $a(x-\alpha)^2=0$
$\Rightarrow a(x^2-2\alpha x+\alpha^2)=0$

Chapter 5 이차방정식
※1. 근의공식

$ax^2+bx+c=0$

$x=\dfrac{-b\pm\sqrt{b^2-4ac}}{2a}$

※ 짝수 근의공식

$ax^2+2b'x+c=0$

$x=\dfrac{-b'\pm\sqrt{b'^2-ac}}{a}$

$x^2-2x-4=0$
$\dfrac{1\pm\sqrt{1+4}}{1}$
$=1\pm\sqrt{5}$

※2. 판별식 → 근의개수, 종류
$ax^2+bx+c=0$ ($a\neq0$, a,b,c는 실수)
$D=b^2-4ac>0$ 서로 다른 실근 2개
$\qquad\qquad =0$ 중근 (중근)

$x^2-2x+1=0$ $(x-1)^2=0$
$(x-1)(x-1)=0$
$x=1$

※ 짝수판별식 <0 근이없다
$\dfrac{D}{4}=b'^2-ac$

ex) $x^2-2x+3=0$ 근판별 $D=4-12<0$ ex
$x^2-ax-4=0$ 에 실수 $D=a^2+16\geq0$

※ 켤레근
$ax^2+bx+c=0$
한근이 $1+\sqrt{2}$
실근범위내→켤레로 가진다
계수가 유리수일때만 가능
ex) $x^2-2ax+4=0$의 한 근이 $1+\sqrt{2}$
$x^2-2\sqrt{2}x+1=0$
의 한근 $1+\sqrt{2}$
$x=\sqrt{2}\pm\sqrt{2-1}$
$=\sqrt{2}-1, \sqrt{2}+1$

$x^2-mx+4=0$의 한근 $1+\sqrt{3}$
합/곱 m값구하 $\longrightarrow 1-\sqrt{3}$

※4. 근과 계수의 관계
※ $x=\alpha$ or β 인 이차방정식
〈α, β를 두 근으로 가지는 이차방정식〉
$(x-\alpha)(x-\beta)=0$
$ax^2+bx+c=0$의 두 근 α, β
$(x-\alpha)(x-\beta)$
$x^2-(\alpha+\beta)x+\alpha\beta=0$
$x^2+\dfrac{b}{a}x+\dfrac{c}{a}$ $\alpha+\beta=-\dfrac{b}{a}$ $\alpha\beta=\dfrac{c}{a}$

게 하지요?"

"수학머리가 안 좋은 우리 애도 심화문제를 풀게 해야 하나요?"

수학은 어려운 심화문제가 항상 골치 덩어리입니다. 쉬운 문제만 시험에 나오면 좋겠지만 어려운 문제를 풀 수 있어야 나중에 수학 석차와 등급이 잘 나온다는 사실은 누구나 다 알고 있습니다.

"심화문제란 어떤 문제일까요? 어려운 문제란 어떤 문제일까요?"

"쉬운 문제와 어려운 문제의 차이점은 뭘까요?"

간단합니다. 쉬운 문제는 문제 풀이에 쓰이는 개념이 딱 하나고 어려운 문제는 쓰이는 개념이 두 개 이상으로 이 개념들을 순서대로 잘 사용해야 하는데 이때 개념이 헷갈리고 개념 적용 순서도 헷갈립니다.

쉬운 문제는 교과서에 나오는, 학교에서 배우는 개념들로만 구성된 일반적인 문제입니다. 여기에 창의력 수학 문제는 포함되지 않습니다. 따라서 교과과정에서 배운 개념들을 이용해 문제를 풀면 됩니다.

어려운 문제를 잘 풀려면 어떻게 하면 될까요?

문제 풀이 이전에 개념 공부 시간을 더 늘려야 합니다. 수학을 어려워하는 학생들의 공부 방법은 이렇습니다. 개념 설명을 대강 듣고 문제 풀이를 하면서 개념을 이해하려고 합니다. 그러면 개념 정리가 안 됩니다. 우선 개념 정리를 제대로 해야 합니다. 이 단원의 이 개념에 대해서는 줄줄 쓰거나 말로 설명할 수 있도록 미리 해 놓아야 합니다. 이것이 안 된다면 문제를 풀어도 개운하지 않습니다.

그러니 안 풀리는 문제부터 풀려고 하지 말고 개념 공부 먼저 해야 합니다. 백지 테스트를 활용하면 기초부터 심화까지 제대로 잡을 수 있습니다. 개념 공부란 정의, 공식, 증명, 문제 풀이를 다 포함한 것입니다.

어려운 문제를 푸는 힘은 무엇일까요? 바로 개념의 활용입니다. 심화가 쉽다는 것은 개념 공부가 잘되어 있다는 것입니다. 이 것이 개념의 힘입니다. 개념뿐만 아니라 용어 정리와 대표 문제들의 풀이 방법도 잘 정리해 놓으면 더욱 좋습니다.

현재 중고등학교에서 취급하는 문제는 중고등과정에서 나오는 개념으로만 구성된 문제입니다. 교과과정 이외의 개념 공식을 활용한 문제는 하나도 없습니다. 유형도 따지고 보면 큰 범주에서 벗어나지 않습니다. 심화문제를 풀다가 막히면 기본으로 돌아가면 됩니다. 수학의 기본은 개념 공식입니다. 이것이 처음에 잘 정리되어 있으면 그다음부터는 계속 차곡차곡 정리해 나가면 됩니다. 정리하다가 흐트러지면 다시 바로잡아서 정리해 놓으면 됩니다. 이 정리는 선생님이 대신 해 줄 수 없습니다. 학생이 스스로 해야 합니다. 백지에 하는 것입니다.

백지 테스트를 한 번도 한 적이 없다면 심화 책을 잠깐 멈추고 백지 테스트로 개념 공식과 용어를 먼저 정리해 보세요. 당장은 시간이 더 걸릴 것 같지만 시간이 좀 지나면 심화문제가 잘 풀려서 속도가 더 빨라질 것입니다. 해결이 잘 안 되는 심화문제를 하나하나 힘들게 풀지 마세요. 쉽게 푸는 방법은 별도로 있습니다.

방대한 양을
체계적으로 공부할 수 있다

수학 문제를 잘 푸는 학생과 수학을 어려워하는 학생의 차이점을 살펴보겠습니다. 수학을 잘하는 학생들은 문제를 잘 풉니다. 수학 문제를 잘 푸는 이유는 매우 간단합니다. 푸는 방법을 알기 때문입니다. 수학을 못하는 학생은 푸는 방법을 잘 모르고 잘 못 찾습니다.

이 푸는 방법이란 건 무엇일까요? 모든 수학 문제는 아무리 쉬운 문제라도 최소한 하나의 개념을 가지고 있습니다. 이 개념을 정확하게 적용해 연산을 이용해서 풀면 잘 풀리는 것이고 개념 공식을 잘 적용하지 못하면 문제가 안 풀리는 것입니다.

단원을 풀어 헤쳐서 많은 수학 문제를 한 번에 실어 놓으면 전혀 손을 못 대는 학생이 많습니다. 소단원끼리 분류되어 있을 때는 잘 푸는데 이 문제들이 막 섞여 있으면 막막하다며 못 풉니다. 대부분의 학생이 이러한 경험을 합니다.

앞서 '뼈대 학습법'을 소개했습니다. 백지 테스트로 뼈대를 정리하면 방대한 양을 체계적으로 파악할 수 있습니다. 뼈대로만 공부 하는 방법입니다. 실제로 수학 문제는 이 뼈대인 개념 공식으로 문제 풀이를 하는 것입니다.

집을 지을 때 뼈대를 세우듯이 수학 문제 풀이에도 뼈대를 세워야 합니다. 그러면 뼈대가 뭘까요? 맞습니다. 소단원별로 구성된 기본 개념입니다. 이때 '목차 테스트'가 필요합니다. 각 뼈대의 제목을 바탕으로 뼈대끼리 연결해 주는 것입니다. 뼈대의 내용이 나오게 하는 물그릇과도 같은 이것이 바로 소제목입니다.

목차 테스트는 말 그대로 목차를 외워서 쓰는 것입니다. 각 소단원별로 외워 놓은 개념들을 목차 안에 넣어서 다시 외우는 방법입니다. 목차를 안 외우면 배운 개념들이 정리가 안 됩니다. 목차 테스트는 단원이 끝날 때마다 처음부터 누적해서 계속하면 됩니다.

일단 과정의 전체 목차를 다 외워야 합니다. 3단원까지 공부했다면 3단원까지의 목차 제목을 쓰고 그 안에 있는 중요한 개념 공식을 쓰는 것입니다. 또 6단원까지 공부했다면 1단원부터 6단원까지 목차를 쓰고 그 안에 있는 개념 공식을 쓰는 것입니다. 이러면 뼈대들이 계속 붙어서 개념 정리가 잘됩니다.

중등과정부터 고등과정까지 모든 개념 공식을 정리해 놓으면 각 과정별로 분량이 얼마 되지 않습니다. 하지만 대학 입시 때까지 푸는 수학 문제는 어마어마합니다. 이 많은 수학 문제를 풀기 위해서는 과정별로 정리된 개념 공식들이 필요합니다. 이것들이 뼈대에 해당합니다. 그래서 뼈대 학습법이라고 합니다.

우리 주변의 모든 것에는 뼈대가 있습니다. 뼈대에 살이 붙으면서 형체가 생깁니다. 수학을 산만하게 공부하면 안 됩니다. 풀기 전에 뼈대를 생각하고 풀고 나서도 뼈대가 무엇이었는지 꼭 확인해야 합니다. 문제를 풀기 전에 뼈대를 확인하는 방법은 공식 개념을 생각해 내는 것이고, 문제를 풀고 나서 뼈대를 확인하는 방법은 해설지를 읽어보고 중요한 뼈대를 찾는 것입니다.

그래서 개념 공식집이 필요하고 백지 테스트가 필요하고 개념과 관련된 문제 풀이 책도 필요합니다. 이러한 것들이 뼈대를 더 탄탄하게 만드는 과정입니다.

아무리 많은 양의 문제가 있다 하더라도 내가 뼈대를 잘 세워 놓았다면 수월하게 풀 수 있습니다. 현재 중등과정을 공부하는 학생도 있고 고등과정을 공부하는 학생도 있습니다. 개념 책으로 본인이 뼈대를 만들어서 정리해 보세요. 시간이 많이 걸리지 않습니다. 이미 있는 책을 활용해도 됩니다. 그런데 이 내용을 학생 스스로 정리해서 쓸 줄 알아야 합니다. 읽어 보고 끝내면 이것은 절대 뼈대가 될 수 없습니다. 내가 정리하고 외워서 스스로 백지에 쓸 줄 알아야 합니다. 이 과정을 한 번만 하는 것이 아니라 계속해야 합니다. 자꾸 까먹기도 하고 실제로 문제를 풀다 보면 잘못 적용하는 경우도 많아서 그렇습니다.

(『개념원리』 기준, 각 소단원별로 일부 개념만 정리)

소단원명	개념
이등변 삼각형	[정의] 이등변삼각형: 두 변의 길이가 같은 삼각형 [성질] 1. 두 밑각의 크기는 같다. 2. 꼭지각의 이등분선은 밑변을 수직이등분한다. [조건] 두 내각의 크기가 같은 삼각형은 이등변삼각형이다. **직각삼각형의 합동 조건:** 1) 빗변의 길이와 한 예각의 크기가 각각 같은 두 직각삼각형은 합동이다(RHA합동). 2) 빗변의 길이와 다른 한 변의 길이가 각각 같은 두 직각삼각형은 합동이다(RHS합동). **직각삼각형 성질** 1) 각의 이등분선 위의 한 점에서 그 각을 이루는 두 변까지의 거리는 같다. 2) 각을 이루는 두 변에서 같은 거리에 있는 점은 그 각의 이등분선에 있다.
삼각형의 외심과 내심	[정의] 한 다각형의 모든 꼭짓점이 원 위에 있을 때, 이 원을 다각형에 외접한다고 한다. 이때 이 원을 다각형의 외접원이라고 하고, 외접원의 중심을 외심이라고 한다.
평행사변형	[정의] 두 쌍의 대변이 각각 평행한 사각형을 평행사변형이라 한다. [성질] 두 쌍의 대변의 길이는 각각 같다. 두 쌍의 대각의 크기는 각각 같다. 두 대각선은 서로 다른 것을 이등분한다.

여러 가지 사각형	**<직사각형>** 정의 네 내각의 크기가 모두 같은 사각형 성질 직사각형의 두 대각선은 길이가 같고, 서로 다른 것을 이등분한다. 조건 평행사변형이 직사각형이 되는 조건 　　한 내각이 직각이다. 　　두 대각선의 길이가 같다. **<마름모>** 정의 네 변의 길이가 모두 같은 사각형 성질 마름모의 두 대각선은 서로 다른 것을 수직이등분한다. 조건 평행사변형이 마름모가 되는 조건 　　이웃하는 두 변의 길이가 같다. 　　두 대각선이 서로 수직이다.
도형의 닮음	정의 한 도형을 일정한 비율로 확대 또는 축소한 도형이 다른 도형과 합동일 때, 이 두 도형은 서로 닮음인 관계에 있다고 한다. 또 서로 닮음인 관계에 있는 두 도형을 닮은 도형이라 한다. 기호 $\triangle ABC$와 $\triangle DEF$가 서로 닮은 도형일 때, 기호 $\sim$를 사용하여 $\triangle ABC \sim \triangle DEF$로 나타낸다.
평행선과 선분의 길이의 비	$\triangle ABC$에서 두 변 AB, BC 또는 그 연장선 위에 각각 점 D, E가 있을 때 $\overline{BC} /\!/ \overline{DE}$이면 $\overline{AB} : \overline{AD} = \overline{AC} : \overline{AE} = \overline{BC} : \overline{DE}$
삼각형의 무게중심	**삼각형의 두 변의 중점을 연결한 선분의 성질** 1. 삼각형의 두 변의 중점을 연결한 선분은 나머지 한 변과 평행하고, 그 길이는 나 머지 한 변의 길이의 $\frac{1}{2}$이다. 2. 삼각형의 한 변의 중점을 지나고 다른 한 변에 평행한 직선은 나머지 한 변의 중 점을 지난다.

피타고라스 정리	정의 직각삼각형 ABC에서 직각을 낀 두 변의 길이를 각각 a, b라고 하고, 빗변의 길이를 c라 하면 $a^2 + b^2 = c^2$이 성립한다. 조건 세 변의 길이가 각각 a, b, c인 $\triangle ABC$에서 $a^2 + b^2 = c^2$이면 이 삼각형은 빗변의 길이가 c인 직각삼각형이다.
경우의 수	정의 사건 같은 조건에서 반복할 수 있는 실험이나 관찰에 의해 나타나는 결과 경우의 수 어떤 사건이 일어나는 가짓수 (구하는 방법) 사건 A 또는 사건 B가 일어나는 경우의 수 $= m + n$ 사건 A, B가 동시에 일어나는 경우의 수 $= m \times n$
확률	정의 같은 조건에서 실험이나 관찰을 여러 번 반복할 때, 어떤 사건이 일어나는 상대도수가 일정한 값에 가까워지면 이 일정한 값을 그 사건이 일어날 확률이라 한다. (구하는 방법) $p = \dfrac{\text{사건 } A \text{가 일어나는 경우의 수}}{\text{모든 경우의 수}} = \dfrac{a}{n}$

어떤 문제에도
응용할 수 있다

　방학특강 수업은 보통 오전 9시 또는 10시에 시작합니다. 간혹 이 수업에 지각을 하는 학생이 있습니다. 학원에 도착했을 때 보면 눈이 빨갛습니다. 숙제하느라 잠을 못 잤다고 합니다. 숙제하는 시간이 너무 오래 걸리고 문제가 잘 안 풀려서 공부하다가 새벽에 자고 지금 학원에 온 것이라고 합니다. 과연 이 학생은 시험을 잘 볼까요? 잘 못 봅니다. 심지어 테스트지를 거의 백지로 제출하는 경우가 많습니다.

　왜 이럴까요?

　오답이 너무 많이 나오고 너무 어려우면 당장 문제 풀이를 중단해도 괜찮습니다. 이럴 땐 백지 테스트로 개념 공식 정리를 먼저 해 보면 개념이 보다 명확해집니다. 당장은 진도가 안 나가는 것 같지만 장기적으로 보면 시간이 훨씬 단축됩니다. 이 과정의 공부가 정확하게 안 되어 있으면 다음 과정 공부도 안 됩니다. 또 정확하게 공부하지 않는 습관이 몸에 배게 됩니다. 그러면 계속 오답이 많이 나오고 투자한 시간만큼 좋은 결과가 나오지 않습니다.

　수학이야말로 정확하게 공부해야 하는 과목입니다. 그리고 배운 개념이 계속 확장돼서 또 나옵니다. 중3-1에서 배운 제곱근 개념은 대수의 지수 단원에서 또 나옵니다. 이때는 이 개념이 사용되는 문제 유형이 다릅니다. 하지만 기본 개념 자체는 같습니다. 맨처음 배울 때 개념이 정확하지 않으면 확정돼서 또 나올 때 그 개념에 대한 확신이 생기지 않습니다. 그러면 문제 풀이가 어렵습니다. 이래서 정확하게 공부해야 합니다.

수학은 자신감입니다. 자신이 없으면 단순 계산에서 많이 틀립니다. 수학 개념을 확실하게 알고 있으면 그 자체가 자신감이 됩니다. 또한 도전의식도 생깁니다. 힘이 느껴지니까요. 그러면 문제를 도전해서 풀려고 하고 여러 응용문제도 잘 풀 수 있습니다. 응용문제라는 것은 유형별 문제라고 생각해도 됩니다. 이 응용문제를 푸는 동안 확실하게 배운 수학 개념 공식이 적용되는 과정을 접하게 됩니다. 그러면서 이 개념 공식들의 사용처를 확실히 알게 되는 겁니다.

수학의 응용력이라는 것은 문제에서 주어진 조건에 맞는 수학 공식 개념들을 순서대로 잘 적용하는 능력입니다. 응용력은 문제 풀이를 많이 하면 좋아진다고 하는데 이 내용도 맞습니다. 또한 같은 유형의 문제를 많이 풀어서 유형을 익히는 것도 응용력을 키우는 방법이라고 말씀하시는데 이 말도 맞습니다.

하지만 더 정확한 것은 문제의 조건에 맞게 개념들을 배치하는 것입니다. 이 개념들을 잘 배치하기 위해서는 수학에 대한 자신감이 필요한데 이 자신감이 바로 수학 개념 공식의 정확성입니다. 정확하게 알고 있지 않으면 조건에 맞는 개념 공식을 배치할 수 없습니다.

응용문제를 잘 풀기 위해서는 백지 테스트를 통해 개념 공식을 정확하게 알면 됩니다. 남한테 직접 이 개념 공식들을 자신 있게 설명할 줄 알면 됩니다. 이래서 백지 테스트가 중요합니다.

◇ **Point** ◇

(!) 문제 풀이를 하기 전 백지 테스트로 지금까지의 학습 상태를 한번에 파악하고 보완해야 하는 부분을 찾을 수 있습니다. 문제 풀이가 어렵다면 해설지를 보면서 문제를 해결하려고 하지 말고 백지 테스트를 한 번 더 해 보세요. 부족한 개념과 공식을 알려 주는 지름길이 바로 백지 테스트입니다.

그래프를 그리는 법

백지 테스트를 할 때는 그래프를 그리는 연습을 많이 해야 합니다.

저는 중등수학에서 중요하게 잘 배워야 할 부분으로 함수 단원을 꼽습니다. 함수를 잘 못하면 고등수학을 못합니다. 거꾸로 어렵다고 하는 고등수학을 잘하려면 함수를 잘해야 합니다. 고등수학 개념과 문제들은 함수를 기반으로 하기 때문입니다.

함수를 잘하기 위해서는 함수에 대한 용어를 잘 알아야 합니다. 용어를 안다는 것은 표현을 잘한다는 뜻이고, 함수를 표현하는 것이 그래프를 그리는 것입니다. 함수를 잘 모르고 그래프를 그릴 줄 모르면 고등수학이 너무나 어렵고 문제풀이가 안 됩니다. 그때 다시 돌아가서 함수 그래프를 그리는 연습을 시작하면 이미 너무 많은 길을 와서 돌아가기가 쉽지 않습니다.

그래서 중학교에서 처음 함수를 배울 때 그래프를 그리는 연습을 많이 해야 하고, 그 이후에 고등수학에서는 그래프를 통해 문제 풀이를 하면 됩니다. 그때 알게 됩니다. 그래프를

<중2-1 과정의 일차함수 그래프>

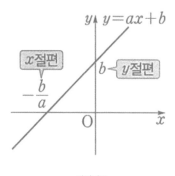

평면좌표

중3-1 과정의 이차함수 그래프

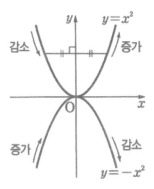

잘 그리니 문제가 잘 풀린다는 것을요.

다음은 고등과정에서 그래프와 관련된 단원입니다. 대수와 미적분1 과정의 거의 모든 단원이 함수 단원입니다.

< 공통수학1 >

- 이차방정식과 이차함수

- 최대와 최소

- 이차부등식과 연립이차부등식

< 공통수학2 >

- 직선의 방정식

- 원의 방정식

- 도형의 이동

- 함수

- 합성함수와 역함수

- 다항함수의 그래프

- 무리함수의 그래프

- 유리함수의 그래프

아래와 같은 방법으로 그래프를 그립니다.

1. x축, y축, 원점을 표기한다.

2. 그래프를 모눈종이에 그리는 연습을 한다.

3. 색깔 펜으로 대강 그리지 않고 정확하게 그린다.

4. 그래프 안에 모든 답이 다 있음을 안다.

그래프를 그리기 위해서는 우선 좌표 축을 그려 놔야 합니다. 다행히 중고등 과정에서는 평면좌표만 다루기 때문에 직교좌표 축만 잘 그려 놓으면 됩니다. 문제의 조건에 맞는 그래프를 잘 그리다 보면 그 안에 해법이 있어서 문제를 잘 풀게 됩니다. 그래프를 그리는 문제에서 그래프를 그리지 않고 식으로만 푼다면 이는 정확하게 푼 것이 아닙니다. 수학은 연산 과목이라고 생각하면 안 됩니다. '수학=방정식을 푼다'라는 생각을 버려야 합니다. '수학=함수'라고 생각해야 합니다.

중등 과정에서는 연산, 기하, 확률, 함수 단원으로 정리되는데 고등 과정일수록 함수 비중이 절대적입니다. 함수 문제는 식으로 먼저 시작하면 안 됩니다. 그래프를 먼저 그리고 그 다음에 식이 나와야 합니다. 그래서 그래프 그리는 연습을 많이

해야 합니다. 그래프 그리는 연습을 미리 해 놓지 않으면 절대 그래프를 정확하게 못 그립니다.

저는 학생들에게 색깔 펜을 많이 사 줍니다. 이 색깔 펜은 책에 중요한 부분을 표시할 때, 채점할 때, 오답을 표시할 때, 그리고 그래프를 그리고 구분할 때도 사용합니다. 색깔 펜으로 그래프를 그리면서 학생들은 매우 재미있어합니다. 중등 저학년 때는 그래프를 모눈종이에 그리는 연습을 하면 좋습니다. 모눈종이에 그리다 보면 그래프를 정확하게 그리는 것이 몸에 배게 됩니다.

백지 테스트를 단순히 개념 공식을 외워서 정리하는 테스트라고 생각하지 마시고 폭넓게 생각하셔야 합니다. '수학은 문제풀이다'라는 생각을 고집하면 안 됩니다. 수학에는 여러 가지 면이 있습니다. 그림을 그리는 것도 수학입니다. 함수의 용어를 정리하고, 직선 또는 이차함수, 나아가 지수로그함수, 삼각함수 등을 백지 테스트로 정리하고, 이에 대한 평행이동, 대칭이동, 최대최소 등에 대한 개념도 그래프를 이용해서 테스트할 수 있습니다.

문제 풀이

MATHEMATICS

한 권의 문제집을
완벽하게 끝내는 법

문제집 한 권을 여러 번 반복해서 푸는 것이 좋을까요? 아니면 문제집을 여러 권 푸는 것이 좋을까요?

문제를 적게 푸는 것보다는 많이 푸는 편이 훨씬 좋습니다. 이때, 여러 권을 푸는 것은 좋지만 비슷한 난이도의 문제집을 동시에 두세 권 풀 필요는 없습니다. 중복되는 문제가 너무 많아서인데 이 문제집에서 틀린 문제를 저 문제집에서 맞을 리가 없습니다. 따라서 비슷한 난이도의 문제집을 동시에 푸는 대신 우선 문제집 한 권을 완벽하게 풉니다. 그 후, 난이도를 높여서 다른 문제집을 푸는 것이 좋습니다.

한 권의 문제집을 어떻게 하면 완벽하게 끝낼까요?

저는 학생이 푸는 문제집을 보면 그 학생의 수학 실력을 바로 파악할 수 있습니다.

첫째, 문제집에 풀이를 직접 쓰지 않습니다. 줄 친 노트에다가 별도로 풉니다.

둘째, 채점은 책에 하고 틀렸을 경우에는 문제 번호 옆에 틀린 날짜를 적습니다.

셋째, 1장을 풀고 오답 정리를 한 다음에 2장을 풉니다. 그러고 나서 1장의 틀린 문제를 다시 풉니다. 이때 맞으면 문제에 동그라미를, 또 틀리면 지난번 틀린 날짜 옆에 오늘 틀린 날짜를 적습니다.

넷째, 3장을 풀고 틀린 문제에는 틀린 날짜를 책에 적고 오답 정리를 합니다. 이때 동시에 1장과 2장의 틀린 문제를 다시 풀고 맞으면 동그라미 또 틀리면 틀린 날짜를 적습니다.

다섯째, 이 과정을 계속 반복합니다.

문제집은 개념서로 공부한 다음에 개념에 대한 문제 풀이를 하는 유형서입니다. 한번 풀고 나서 던져 버리면 안 됩니다. 모든 문제를 완벽하게 풀 수 있도록 오답체크를 꼼꼼히 해야 합니다. 문제집에 직접 채점을 하기 때문에 맞은 문제와 틀린 문제가 단번에 구분이 됩니다. 제대로 맞은 문제는 또 풀 필요가 없습니다. 관건은 틀린 문제를 다시 푸느냐 대강 푸느냐 아예 풀지도 않고 해답을 보고 이해되는 것 같아서 그냥 넘어가느냐입니다. 이렇게 풀면 안 됩니다.

한 권의 문제집을 완벽하게 풀면 비슷한 난이도의 문제집을 풀 필요가 없게 됩니다. 하지만 시간 여유가 있어서 비슷한 난이도 문제집을 풀고 싶다면 풀어도 됩니다. 이때 알게 될 겁니다. 너무너무 잘 풀린다는 사실을요. 오답을 확실하게 반복해서 체크했기 때문에 확실하게 풀립니다. 잘 풀린다는 것은 수학에 대한 자신감으로 연결됩니다. 수학에 자신감이 있다는 것은 정말로 대단한 일입니다. 수학이 재미있어진다는 뜻입니다.

그다음에는 문제집의 난도를 올립니다. 난도가 올라갈수록 한 권의 문제집을 제대로 마치는 데 시간이 많이 걸립니다. 난도가 낮은 문제집에는 개념 공식을 바로 적용하는 문제가 많지만 난도가 높은 문제집은 두 개 이상의 개념을 적용해야 하고 풀이가 긴 문제가 많습니다. 그래서 더 중점을 둬야 합니다. 문제집 한 권을 완벽하게 끝낸다는 것은 오답 정리를 철저히 한다는 것입니다. 틀린 문제를 한 번 오답 정리를 해 둔다고 해서 다음에 이 문제를 봤을 때 제대로 푼다는 보장은 없습니다. 틀린 문제를 하루나 이틀 후에 풀어서 제대로 알고 있는지 파악한 뒤 아직도 정확히 모른다면 계속 반복해서 풀어야 내 문제가 됩니다.

기출 문제는
최고의 교과서

모든 시험문제는 기출문제에 답이 있습니다. 기출문제 안에 출제자의 의도가 있기 때문입니다. 기출문제는 다음과 같이 활용할 수 있습니다.

첫째, 출제자의 시험 출제 범위가 크게 변하지 않습니다.

둘째, 기출문제의 유형이 어느 문제집과 비슷한지 파악해야 합니다.

셋째, 기출문제와 비교해서 나의 실력을 평가해 봐야 합니다.

넷째, 기출문제와 비슷하게 문제가 출제된다고 가정하고 나의 계획표를 잘 구성해야 합니다.

시험을 보기 전에는 반드시 기출문제를 구해서 분석해 봐야 합니다. 기출문제에 출제자의 의도가 있습니다. 출제자의 의도를 파악하지 않고 다른 영역의 문제들만 풀고 있으면 엉뚱한 데 힘을

빼고 있는 겁니다. 작년에 나왔던 문제가 올해 출제된다는 의미가 아닙니다. 출제된 문제의 특징을 파악해 시험에 대비하라는 것입니다. 지름길로 가야 합니다. 돌아서 갈 필요도 없고 가면 안 되는 길로 가서도 안 됩니다.

학생들이 치르는 중요한 시험은 학교 내신 시험과 수능 시험 두 가지입니다.

고등학교 내신 시험은 대학 입학 시험이라서 매우 중요합니다. 학교 시험을 잘 보기 위해서는 개념 심화를 공부한 후에 본인 학교의 기출문제뿐만이 아니라 같은 지역 학교의 기출문제까지 풀어 봐야 합니다. 특히 시험 기간에는 그동안 풀었던 문제들의 오답만이 아니라 기출문제로 마무리해야 합니다. 수학 문제들이 다 비슷할 것 같지만 그렇지 않습니다. 큰 범위 안에서도 영역별로 문제들이 조금씩 다릅니다.

수능 문제는 정말로 기출문제로 승부를 봐야 합니다. 현재 과정으로는 수능 과목이 대수, 미적분1, 확률과 통계입니다. 이 과정들에 대한 선행 학습을 할 때는 개념 공부를 한 다음에 심화 과정을 공부합니다. 어느 정도 공부한 뒤에는 기출문제로 심화 공부를 이어 가는 것을 추천합니다. 심화문제들도 성격들이 있습니다. 기출문제와 성격이 다른 심화문제로만 공부하면 일단 길을 벗어나는 것입니다. 다시 바른 길로 돌아오면 그때는 이미 시간이 많이 흐르고 수능이 얼마 안 남은 상황일 수도 있습니다. 실제로 이러한 학생들을 현장에서 너무나도 많이 만났습니다.

수학머리가 특출나지 않다면 더욱더 신중하게 계획을 잘 세워야 합니다. 이런 학생은 일단 성실한 태도를 갖추게 합니다. 그리고 심화문제 풀이를 할 때 기출문제로 공부를 많이 시킵니다. 학생들에게는 가끔 자극도 필요합니다.

"네가 다니는 학교의 기출문제이니까 풀어 봐"라고 하면 긴장을 안 하는 학생은 없습니다. 열심히 풉니다. 그러고 나서 선생님이 보충해서 더 공부해야 할 내용을 말해 주면 적극적으로 공부를 합니다. "넌 반에서 수학 1등 할 수 있어" 하고 파이팅해 주면 됩니다. 그러면 반에서 1등에 점점 다가가는 공부를 하게 됩니다.

빈틈 메워 주는
기초뿌리뽑기 학습법

저는 기초뿌리뽑기 학습법을 잘 활용합니다. 뿌리를 찾아서 거꾸로 공부하는 방법입니다. 기초뿌리뽑기 학습법은 지금 공부하는 과정의 개념이 헷갈려서 이전 과정의 개념에 대한 이해가 필요할 때 매우 유용합니다. 부족한 개념만 선별해서 보완할 수 있습니다. 처음 개념을 배울 때 한 번에 다 알 수는 없습니다. 기초뿌리뽑기 학습법은 문제가 확장되고 심화되어 나올 때, 이러한 개념들을 한꺼번에 정리할 수 있어 탄탄한 수학 학습에 도움됩니다.

이 공부 방법이 원활하게 되려면 뼈대 학습법이 잘되어 있어야 합니다. 앞 장에서 설명드렸듯 인수분해 단원, 방정식 단원 혹은 함수 단원 등 같은 개념 또는 그 개념으로 묶인 단원들을 한꺼번에 정리해서 배우는 것이 뼈대 학습법입니다. 뼈대를 알아야 뿌리를 찾아갈 수 있습니다.

기초뿌리뽑기 방법을 사용할 때 유의사항이 있습니다.

첫째, 개념 수업을 시작할 때 사용하면 안 됩니다. 처음 개념을 공부할 때는 교육 과정 순서대로 해야 합니다. 교육 과정을 무시하고 개념들만 찾아서 토막토막 공부하면 문제 풀이도 되지 않고 개념도 완벽하게 알지 못하게 됩니다.

둘째, 이 방법은 같은 개념들만 찾아서 거꾸로 공부하는 방법으로 진화된 개념부터 초기의 개념까지 거꾸로 되짚어 가는 것입니다. 이렇게 하면 개념의 진화 내용을 정확히 알 수 있고 개념 공부가 매우 탄탄해집니다.

● 반드시 숙지해야할 개념을 나의 글씨로 써보기!

〈 삼각형의 합동 〉

· (합동) 한 도형을 모양이나 크기를 바꾸지 않고 옮겨서 다른 도형에
완전히 포개어 질 수 있을 때, 이 두 도형을 서로 합동이라 하고,
기호 ≡ 로 나타낸다.

· (대응) 합동인 두 도형에서 서로 포개어지는 꼭짓점과 꼭짓점, 변과 변,
각과 각은 서로 대응한다고 한다.

· 서로 대응하는 꼭짓점은 대응점, 대응하는 변은 대응변, 대응하는 각은
대응각이라 한다.

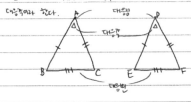

· △ABC 와 △DEF 가 서로 합동일때, 기호로 △ABC ≡ △DEF 로 나타낸다.

〈 합동인 도형의 성질 〉

· 두 도형이 서로 합동이면 ① 대응변의 길이가 같다. $\overline{AB} = \overline{DE}$, $\overline{BC} = \overline{EF}$, $\overline{AC} = \overline{DF}$

② 대응각의 크기가 같다. $\angle A = \angle D$, $\angle B = \angle E$, $\angle C = \angle F$

<중2 상-일차함수 개념 정리를 한 노트 예시>

01) 함수의 뜻과 함숫값

1. 함수란 무엇인가?

함수 : 두 변수 x, y에 대하여 x의 값이 하나 정해짐에 따라 y의 값이 오직 하나씩 정해지는 관계가 있을 때, y는 x의 함수라 하며 기호로 $y=f(x)$와 같이 나타낸다.

2. 함숫값이란 무엇인가?

(1) **함숫값** : 함수 $y=f(x)$에서 x의 값에 따라 하나씩 정해지는 y의 값 $f(x)$를 x에 대한 함숫값이라 한다.

(2) 함수 $y=f(x)$에서
$f(a)$ ⇨ $x=a$에서의 함숫값
⇨ $x=a$일 때, y의 값
⇨ $f(x)$에 $x=a$를 대입하여 얻은 값

02) 일차함수의 뜻과 그 그래프

1. 일차함수란 무엇인가?

함수 $y=f(x)$에서
$y=ax+b$ (a, b는 상수, $a \neq 0$)
와 같이 y가 x에 대한 일차식으로 나타내어질 때, 이 함수를 x에 대한 **일차함수**라 한다.

2. 일차함수 $y=ax+b(a \neq 0)$의 그래프는 어떻게 그리는가?

(1) **평행이동** : 한 도형을 일정한 방향으로 일정한 거리만큼 이동하는 것

(2) **일차함수 $y=ax+b(a \neq 0)$의 그래프**
일차함수 $y=ax+b$의 그래프는 일차함수 $y=ax$의 그래프를
y축의 방향으로 b만큼 평행이동한 직선이다.
① $b>0$이면 y축의 양의 방향으로 b만큼 평행이동한 것이다.
② $b<0$이면 y축의 음의 방향으로 $|b|$만큼 평행이동한 것이다.

셋째, 오답을 정리할 때 사용하는 방법입니다. 오답은 여러 가지 이유로 나오는데 오답이 나오는 이유를 제대로 찾아야 다음에 틀리지 않게 됩니다. 개념은 초기 개념부터 현재의 개념까지 연결이 되어 있는데 이 개념들의 줄기에서 예전에 배운 개념이 헷갈릴 때는 반드시 뿌리까지 찾아가서 공부해야 합니다.

그런데 이러한 뿌리 개념을 어떻게 찾을 수 있을까요? 현재 개념 공부도 벅찬데 스스로 개념들을 연결한 뿌리를 찾아갈 수 있을까요? 당연히 학생 혼자서 찾아갈 수 있습니다. 이때 필요한 것이 개념을 정리한 개념노트입니다. 평소에 개념을 정리하고 개념 테스트를 열심히 한 학생은 개념을 스스로 찾아갈 수 있습니다. 하지만 이러한 개념 공부를 안 한 학생은 개념들이 산만하게 흐트러져 있어서 정리하기가 쉽지 않습니다.

개념을 정리해 보면 각 과정별로 열 장이 넘지 않습니다. 중등과정은 여섯 개(1-1, 1-2, 2-1, 2-2, 3-1, 3-2), 고등과정은 다섯 개(공통수학1, 공통수학2, 대수, 미적분1, 확률과 통계)입니다. 학생 스스로 개념서로 개념 공부를 하면서 정리해 둔 개념노트는 스스로 뿌리를 찾아가기에 매우 효과적입니다.

예를 들어 공통수학1에서 이차함수에 적용되는 판별식 이론이 헷갈리는 경우에는 판별식에 대한 뿌리까지 찾아가서 공부해야 합니다. 판별식은 중3-1 과정에서 이차방정식의 근의 공식에 안에 있는 값입니다. 이것이 뿌리에 해당합니다. 또한 공통수학2 과정이나 대수 과정에서 여러 함수의 그래프가 많이 나옵니다. 그러면 일차함수는 중2-1 과정에서, 이차함수는 중3-1 과정에서 뿌리를 찾아서 공부하는 것입니다.

개념 공부를 할 때 처음에는 다 이해되고 아는 것 같지만 계속 새로운 개념을 더 배우면 헷갈리고 까먹습니다. 배운 개념을 확장해서 다시 배우기도 하지만 거꾸로 근본적인 뿌리 개념을 되짚어가서 공부해 놓으면 이보다 더 단단한 개념 학습은 없습니다.

◇ **Point** ◇

⚠ 무조건 많은 문제를 푼다고 해서 수학 실력이 느는 것은 아닙니다. 한 권의 문제집을 틀린 문제가 없을 때까지 풀어서 완전히 이해해야 합니다. 이때 채점은 문제집에 하되 풀이는 줄이 있는 노트에 풀어야 오답이 나왔을 때 다음에 또 풀어 볼 수 있습니다.

5단계

오답체크

MATHEMATICS

오답체크는
개념학습이다

수학은 문제를 많이 풀면 성적 향상에 도움이 됩니다. 그런데 문제를 풀었다면 반드시 책임을 져야 합니다. 즉, 오답 확인을 해야 한다는 뜻입니다. 오답체크를 하지 않고 문제만 푸는 것은 아무 의미가 없습니다. 이 오답이야말로 다시 공부해야 할 곳을 알려 주는 가장 중요한 부분입니다. 오답체크는 단순히 틀린 문제를 다시 푸는 것이 아닙니다. 다시 공부하는 것입니다. 그것도 개념 공부를 하는 것입니다. 개념 공부는 아무리 강조해도 지나치지 않습니다.

개념을 처음 배우면 실제로 문제 풀이에 어떻게 적용되는지 모릅니다. 문제를 풀면서 알게 됩니다. 문제 풀이를 할 때 개념을 잘못 적용하면 오답이 나옵니다. 그래서 오답체크를 제대로 하면 개념을 문제에 어떻게 적용하는지 알게 됩니다.

수학을 잘하는 학생과 못하는 학생의 차이점은 수학머리가 아닙니다. 고교 수준의 수학에서는, 수학머리와 수학 점수가 어느 정도 상관관계가 있지만 절대적인 관계는 아닙니다. 수학 잘하는 학생의 가장 큰 장점은 올바른 방법으로 공부를 한다는 것입니다. 그중의 하나가 오답으로 개념 공부를 다시 하는 것입니다. 수학을 잘하기 위해서 가장 중요한 과정이 바로 오답 공부입니다.

이 오답체크 과정을 반복하다 보면 자연스럽게 유형별로 정리가 됩니다. 그럼 비슷한 문제들은 조건도 비슷하고 그 문제들을 풀기 위해서는 같은 개념을 적용해야 한다는 사실을 알게 됩니다. 오답을 정리하면서 이러한 패턴들을 잘 파악하면 제한 시간에 맞춰 빠르게 문제를 풀 수 있게 됩니다.

예를 들어, 공통수학2에 나오는 대칭이동 내용에 관한 문제 풀이에서 오답이 나왔을 때 그 문제를 푸는 방법에만 집중하고 넘어간 학생이 있습니다. 그런데 실제 이 학생은 점을 직선에 대칭이동 하는 개념을 정확히 모르고 있는 상황입니다. 그저 풀이 과정만 보고 문제를 다시 풀어 보고 넘어간 거지요. 그러면 이 학생은 이 개념에 대한 문제가 나왔을 때 자신이 없어져 또 오답을 내고 맙니다. 이러한 방법대로 수학을 공부하면 다른 개념도 파악이 안 되면서 점차 오답이 더 많이 나오게 됩니다.

새로운 개념을 배우고 문제 풀이 설명을 들어도 문제가 잘 안 풀리는 이유는 앞서 배운 개념이 확실하게 정리가 안 되어 있어서입니다. 처음 개념을 배울 때는 아는데 문제 속에서 활용이 안 되는 경우라면 오답에서 이 개념들을 정리하지 못한 것입니다. 이렇게 오답 정리가 안 되어 있으면 풀이 과정이 진행되고 문제가 어려워질수록 문제 풀이가 더 힘들게 됩니다.

오답이 나왔을 때 먼저 틀린 부분에서 개념 공부를 다시 하도록 해 주세요. 중등 저학년 때부터 이러한 습관을 갖도록 해야 합니다. 정확한 개념이 차곡차곡 쌓여야 그다음에 배우는 개념들도 바르게 확장됩니다.

제대로 된 오답체크가
오답을 줄인다

문제집을 풀 때 오답이 많이 나오는 경우가 있습니다. 어떤 경우인지 살펴보겠습니다.

첫째, 문제집이 현재 학생의 수준과 맞지 않는 경우
둘째, 개념 공부가 잘 안 되어 있는 경우

셋째, 조건에 맞는 공식이 잘 적용이 안 되어 있는 경우

넷째, 어떻게 풀지 몰라서 못 푼 경우

다섯째, 집중하지 않고 막 푼 경우

문제 푸는 시간과 오답체크 하는 시간의 비중을 어떻게 두면 좋을까요? 문제 푸는 시간보다 오답체크를 하는 시간을 더 길게 두어야 합니다. 풀어야 할 문제가 많다고 문제 푸는 데만 집중하고 오답체크 하는 시간을 소홀히 하면 나중에 문제가 안 풀립니다. 지금은 오답체크 하는 시간이 길어 보여도 이렇게 해 두면 나중에 문제 푸는 시간이 줄어들게 됩니다. 당연합니다. 오답체크를 제대로 안 해 놓으면 틀린 문제 유형은 계속 틀리고 오답은 점점 쌓여만 가기 때문입니다.

오답이 많이 나온다는 것은 지금 나의 힘으로 문제를 잘 풀고 있는 것이 아니라는 뜻입니다. 나의 수학적 능력으로 앞으로 나아가야 하는데 브레이크가 자꾸 걸리면 실력도 늘지 않고 재미도 없습니다.

개념은 문제와 같이 가야 합니다. 그런데 문제 안에서 개념이 어떻게 활용되는지 모르는 경우가 있습니다. 이럴 때는 유형별 문제 풀이를 통해서 개념과 문제를 함께 익혀야 합니다.

$3x^3+a = (x^2+x+b)(3x+c)$

$= 3x^3+ax^2+bx^2+xc+bx+bc$

$= 3x^3+(3+c)x^2+(3b+c)x+bc$

3t+c=0. c=-3. b=1 bc=-3=a

$a=-3. b=1. c=-3$ ✗

$3x^2+a$ 를 x^2+x+b 로 나누었을때

몫 : $3x+c$

$3x^3+a = (x^2+x+b)(3x+c)$

$= 3x^3+(c+3)x^2+(c+3b)x+bc$

x에 대한 항등식.

$c+3=0. c+3b=0. a=bc$

$\therefore a^2+b^2 = 9+1 = 10$

$x^4+ax^3+bx-11 = (x^2-2x+4)+x-3$

$= x^2-x+1$

✿ 꼭 살세우는법 주의 ✿

$x^4+ax^3+bx-11$ 를 x^2-2x+4 로 나눴을때

몫: x^2+cx+d

$x^4+ax^3+bx-11 = (x^2-2x+4)(x^2+cx+d)$

✦ $x-3$

$= x^4+(c-2)x^3+(d-2c+4)x^2$

$+(-2d+4c+1)x+4d-3$

$a=-1, b=9, c=1. d=-2$

$\therefore a-d = -10$

학생들은 문제가 어려우면 아예 문제를 안 풀기도 합니다. 학생 본인의 의지와 관계가 있는 일인데, 이 학생은 이렇게 공부해서는 전혀 발전이 없다는 것도 알고 있습니다. 이때는 문제의 난도를 조금씩 높여 가면 됩니다. 갑자기 난도가 높아지면 겁부터 나고 자신 있게 풀기 어렵지만 도전하고 풀 수 있도록 조정하면 괜찮아집니다. 연습하면 다 풀 수 있습니다. 한편 오답이 거의 없다면 문제집이 학생에게 너무 쉬운 책이 아닌가도 확인해야 합니다.

문제를 막 푸는 학생도 있습니다. 심지어 풀기만 하고 채점도 안 합니다. 선생님이나 부모님께 혼나지 않으려고 또는 의무감으로 푸는 학생도 있습니다. 숙제니까 하는 시늉만 하는 식으로 해서는 전혀 공부가 안 됩니다. 학생에게 목표를 갖게 해야 합니다. 당장은 학교 시험에서 목표를 정하게 합니다. 수학을 잘했을 때 느끼는 성취감, 수학을 잘함으로써 꼭 이루고 싶은 꿈을 떠올리게 해 스스로 공부할 이유를 생각해 볼 기회를 주세요. 목표가 있어야 지쳐도 다시 공부할 수 있습니다.

문제집 자체가
가장 좋은 오답 노트다

문제집을 푸는 방법은 학생마다 다양합니다.

강우 문제집에 직접 풀이를 적고 채점도 책에 하는 경우

선민 노트에 풀고 노트에 채점하는 경우

준서 노트에 풀고 문제집에 채점하는 경우

위의 세 학생 중 제일 잘하고 있는 학생은 누구일까요? 지금 나는 어떠한 방법으로 문제집을 풀고 있나 생각해 보세요. 풀이를 책에 적나요? 아니면 노트에 푸나요? 그리고 채점은 책에 하나요? 풀어 놓은 노트에 하나요?

저는 준서의 방법을 추천합니다. 책에 풀면 안 됩니다. 틀린 문제는 오답이 안 나올 때까지 반복적으로 풀어야 하는데 풀이가 책에 있으면 다음에 또 풀 때 적어 놓은 풀이 때문에 오답 풀이가 제대로 안 됩니다.

채점을 풀이노트에 하면 책을 볼 때 틀린 문제를 노트에서 확인하면서 풀어야 하기에 번거롭습니다. 채점을 문제집에 직접 하면

틀린 문제가 파악돼서 풀기만 하면 됩니다.

그래서 문제집 자체가 오답노트가 되는 것입니다. 문제집에는 맞으면 ○ 틀리면 틀린 날짜를 적되, 이를 오답이 안 나올 때까지 반복하고 최종적으로 오답이 안 나오면 틀린 날짜 뒤에 ○ 표시를 합니다.

오답노트를 직접 만들어 잘 활용하는 학생도 있지만, 그보다는 노트를 만드는 데 드는 시간으로 오답 문제를 몇 개 더 풀어보는 것을 추천합니다. 풀이는 항상 별도의 풀이노트에 하면 됩니다. 내가 풀어 놓은 풀이를 다음에 또 볼 필요는 없습니다. 오답이 나올 때 왜 오답이 나왔는지만 정확하게 분석하고 그 부분만 공부하면 됩니다.

이러한 과정으로 문제집 한 권을 끝내고 나면 이 문제집 자체가 풀이가 적혀 있지 않은 오답노트가 됩니다. 다음에 이 문제집으로 복습할 때는 틀린 횟수가 많은 문제를 집중적으로 풉니다. 이보다 더 좋은 오답노트는 없습니다.

시험지의 오답 정리는 어떻게 해야 할까요? 시험지는 문제집과 달라서 책으로 되어 있지 않고 종이 낱장으로 되어 있습니다. 이 종이들을 아무리 파일에 모아 놓아도 역시 책이 아니라서 오답 관리 방법이 좀 다릅니다.

1. 시험지에 다른 색 펜으로 오답 풀이를 적습니다. 계속해서 시험지 문제 오답 풀이를 합니다.

2. 시험지가 컴퓨터 파일로 되어 있을 때는 오답 문제만 별도로 모아서 파일로 만들어 놓고 오답 풀이를 반복합니다.

제가 학생들에게 제일 많이 사용하고 있는 방법은 2번입니다. 문제집과 다르게 시험지는 학생들이 오답 풀이를 잘 안 합니다. 문제집은 문제와 해설지가 같이 있어서 오답 정리를 하기가 편하지만 시험 문제는 풀이가 없는 경우도 많아서 선생님의 풀이를 들으면서 오답 정리를 해야 하는 경우가 많습니다. 그래서 시험지에 오답 풀이를 적어 놓는 것이 좋습니다. 이때 색 볼펜으로 하면 구분돼서 좋습니다.

학생들이 스스로 오답 정리를 잘하면 좋겠지만 현실적으로는 그렇지 못합니다. 습관이 잡힐 때까지 선생님이나 부모님이 잘 지도해 주셔야 합니다.

저는 강의할 때 틀린 문제에 대한 오답 프린트를 나눠 주고 이 문제들로 시험지를 만듭니다. 최대 다섯 개까지 만들어 놓습니다.

학생들은 오답 정리를 한 번 하면 다 해결된 것으로 착각합니다. 이 착각을 깨는 방법은 오답 문제로 구성된 시험을 보게 하는 것입니다. 다 맞을 때까지 이 과정을 반복합니다. 오답 문제들로 구성된 문제를 한 개라도 틀리면 다시 공부하게 합니다. 최대 다섯 번까지 보면 그 안에 다 맞습니다.

◇ **Point** ◇

! 　오답체크는 단순히 틀린 것을 확인하는 게 아니라 수학 공부의 핵심이 되어야 합니다. 오답노트는 내가 부족한 부분, 다시 공부해야 할 곳을 알려 주는 보물창고와 같은 것이기에 정성스럽게 공부해야 합니다. 오답체크를 하지 않고 문제만 푸는 것은 실력 향상에 아무런 도움이 되지 않습니다.

MATHEMATICS

3부

부모님들이
가장 궁금해하는
수학 공부 Q&A

바뀌는 수능을 어떻게 준비해야 할까요?

MATHEMATICS

2028년 수능부터 수능 과목이 바뀝니다. 국어, 수학, 탐구영역 모두 선택과목이 없어지고 '공통과목'으로 변경됩니다. 개정된 수학 수능과목은 대수, 미적분1, 확률과 통계(확통)입니다. 제일 눈여겨볼 점은 미적분2를 필수로 공부하지 않아도 된다는 것입니다. 미적분2는 초월함수의 극한, 미분, 적분 내용을 포함하고 있으며 이 부분은 개념도 많고 분량이 상당합니다. 하지만 2028년에 수능을 보는 학생들은 미적분2는 준비하지 않아도 되고 대신에 확통이 포함됩니다. 물론 그 이전 수능을 준비하는 학생 중 문과 지원 학생들은 확통을 공부했지만 이과 지원 학생들은 확통을 공부하지 않았습니다. 확통은 공통 필수 수능 과목이 되었고, 문과 지원 학생과 이과 지원 학생이 치르는 수학 수능 과목은 동일합니다.

그러면 고교 과정에서 공부하는 공통수학1과 공통수학2의 역할은 무엇일까요? 첫 번째는 고1 때 치르는 내신 시험 과목이라는 것입니다. 두 번째는 수능의 기초 과목이라는 것입니다. 공통수학 1, 2가 잘되어 있어야 대수, 미적분1이 가능합니다. 공통수학1, 2가 잘되어 있지 않으면 수능 1등급을 받기 어렵습니다. 따라서 공통 수학1, 2부터 기초를 잘 다져 놓는 것이 매우 중요합니다.

현행(~2027 수능)	확정 개편안(2028 수능~)
공통: 수학Ⅰ, 수학Ⅱ	대수, 미적분Ⅰ, 확률과 통계
선택 1과목: 확률과통계, 미적분, 기하	선택과목 없음, 심화수학 편성 제외 수능 출제범위 제외 내용 *미적분 중: 수열의 극한, 미분법, 적분법 *기하 중: 이차곡선, 평면벡터, 공간도형과 공간좌표

수학 수능 과목은 어떻게 공부해야 할까요?

첫째, 학생의 실력이 따라준다면 중학교 때 개념을 미리 공부해 두면 입시에 훨씬 유리합니다. 중학생 때는 학기 중에도 선행을 할 수 있는 시간과 여유가 있지만 고등학생이 되면 학기 중에는 내신 공부에 집중을 해야 하기에 선행 학습이 거의 불가능합니다. 그나마 방학 때 시간이 있지만, 고1 여름방학은 짧고, 고1 겨울방학에는 수능 대비 학습을 본격적으로 해야 합니다. 따라서 고등학교에 가서 차분히 선행 학습을 할 시간이 거의 없습니다. 수능과목(대수, 미적분1, 확통) 심화는 수능 문제 풀이입니다. 개념

심화가 아닙니다. 그래서 중학교 때 개념 선행 학습을 충실히 해 두어야 합니다.

둘째, 수능 등급을 받는 것은 의외로 쉽습니다. 기출문제를 분석하면 되기 때문입니다. 즉, 기출문제로만 문제풀이를 완성하면 됩니다. 수능 과목에 대한 개념 공부를 거친 다음에 심화 공부는 기출문제 풀이로 하는 것입니다. 개념심화 학습을 따로 할 필요가 없습니다. 이는 학교에서 내신 등급 받는 것보다 쉽습니다. 학교의 전체 학생 수보다 수능 전체 응시생이 훨씬 더 많기 때문입니다. 많은 인원 중에서 4% 안에 드는 것이 적은 인원에서 4% 안에 드는 것보다 유리합니다.

킬러문제가 과연 사라진 걸까요?

수능문제는 배점이 2점, 3점, 4점입니다. 초고난도 문항인 이른바 '킬러문제', 그와 유사한 '준킬러문제'는 당연히 4점짜리 문제입니다. 2024년 수능을 치르기 몇 달 전, 교육부에서 대입 수능의 공정성을 강화한다는 목적으로 킬러문제를 출제하지 않는다고 발표했습니다.

발표를 듣고 '과연, 킬러문제를 배제할 수 있을까?' 하며 큰 기대를 하지 않았습니다. 준킬러문제가 더 많이 나오거나 준킬러문제가 좀 더 어렵게 나올 것이라고 추측했는데, 역시나였습니다. 초고난도 문항인 킬러문항은 배제되었지만 1등급을 받기 위해서는 준킬러문제들을 잘 풀어야 했습니다.

내신 1등급은 불가능할지라도 수능 1등급은 목표로 삼아 볼 만합니다. 고1 겨울학기 때부터 수능을 보는 날까지 거의 22개월 동안 수능 과목만 공부합니다. 이때 엄청난 양의 문제 풀이 연습을 하게 됩니다. 22개월 동안 대수, 미적분1, 확통 이 세 개 과정을 철저히 공부하는 겁니다. 바뀐 수능 과목으로 미적분2 대신 확통이 들어가면서 학습 분량도 줄었습니다. 정말 해 볼 만합니다. 중요한 것은 수능 목표를 2등급으로 잡으면 안 된다는 것입니다. 목표를 2등급으로 잡으면 3등급이 나올 수도 있고 4등급도 나올 수 있습니다. 반드시 1등급을 목표로 잡아야 합니다.

준킬러문제는 일단 문제 길이가 깁니다. 문제에 포함된 개념도 상당히 많습니다. 이 개념들을 순서대로 잘 펼쳐서 유형문제 풀이 방식으로 빠르게 풀어내야 합니다. 수능을 집중적으로 대비하는 시기에는 이 준킬러문제들로 문제 풀이를 진행하게 됩니다. 그러기 위해서는 정확한 개념 공부와 유형문제 풀이가 먼저 되어 있어야 합니다.

중점을 둬서 공부할 부분은 무엇일까요?

고등 수학 과정의 기본은 함수입니다. 대수와 미적분1은 함수에 기반을 둔 과목입니다. 따라서 중학교 때보다 함수 파트를 더 중점적으로 학습해야 합니다. 중학교 때 연산과 도형을 더 집중적으로 공부해야 한다고 많이들 생각하시는데 그렇지 않습니다. 함수 개념 공부가 잘 안 되어 있는 학생들은 함수 그래프를 그리는 것부터 매우 어려워합니다. 그래프 그리는 것을 어려워하는 학생은 수능 문제를 절대로 잘 풀 수 없습니다. 대수와 미적분1이 함수로 이루어진 과목이기 때문에 그렇습니다. 연산 능력은 문제를 계속 풀다 보면 늘기 때문에 함수 기본 개념을 중학교 때 충실히 공부하는 것이 중요합니다.

확통은 어떻게 공부할까요?

확통은 어려운 과목이 아니기 때문에 확통에 중점을 둘 필요는 없습니다. 중학교 때 경우의 수 단원이 나오기는 하지만 고등과정에서 공부해도 충분합니다. 수능에서 어렵게 출제되는 것은 경우의 수 부분에 해당하는 문제가 많습니다. 유형화된 문제들은 어렵지 않은데 일명 일일이 열거해서 구해야 하는 경우의 수 문제가 어려운 편입니다. 그렇더라도 개념 학습 후에 문제 풀이를 많이 하면 수능에서 이 문제들을 다 풀 수 있습니다.

숙제만 간신히 하고
오답 정리는
안 한다면?

MATHEMATICS

A2.

제가 고3 시절 이야기입니다. 대학 입학 시험이 한 달 정도 남았을 때 학교에서 계속 모의고사를 봤습니다. 당일 시험을 보고 바로 해설지가 나오기 때문에 바로 채점을 했습니다. 그날따라 수학 시험을 잘 본 것 같고 다 맞은 것 같았는데 채점을 해 보니 한 문제가 틀렸습니다. 아무리 봐도 나의 풀이가 맞고 답이 틀린 것 같아서 바로 교무실로 가서 선생님께 말씀드렸습니다.

"선생님 이 문제 답이 틀렸어요. 답이 3번이라고 나와 있는데 제가 표시한 2번이 맞는 것 같습니다."

모의고사 수학 시험에서 다 맞은 것 같았는데 한 문제가 틀려서 너무나 기분이 상해 있었습니다. 그런데 선생님께서는 제가 틀리고 발표한 답이 맞다고 하십니다. 아닌데 내가 맞는데. 집에 와서 그 문제를 다시 풀어 봐도 답은 여전히 처음에 낸 답과 동일했습니다. 그 문제는 적분 단원이었습니다. 아직도 기억이 생생합니다. 그래서 그 문제에 해당하는 단원을 개념서(『수학의 정석』)로 다시 정리해 보았습니다.

그때 제가 넓이 구하는 구간을 설정하는 방법을 잘못 알고 있다는 사실을 발견했습니다. 그래서 그 단원의 개념을 다시 정리하고 개념서로 문제를 다시 풀어서 공부했습니다. 제가 답이 틀렸다고 주장한 그 문제는 답이 틀린 것이 아니라 제가 잘못 알고 있었던 것입니다.

그런데 며칠 후에 대학 입학 시험장에 갔을 때 놀라운 일이 일어났습니다. 며칠 전 학교에서 제가 잘못 알고 있으면서 답이 틀렸다고 선생님께 건방지게 말한 그 문제와 같은 유형의 문제가 나온 것입니다. 순식간에 그 문제를 풀고 나서 안도의 한숨을 쉬었습니다. 최근에 오답으로 정리한 문제 유형이었기 때문에 빠르게 그리고 쉽게 풀었습니다. 그 당시는 학교 내신과 대학 입학 시험으로 대학을 가던 시대로 그 한 문제로 인해 입학할 수도 있고 떨어질수도 있는 상황이었는데, 그 문제를 풀어서 무사히 합격할 수 있었던 것 같습니다.

평소에 오답 정리를 꼼꼼하게 하면 이렇게 시험 현장에서 빛을 발합니다. 수학 공부는 처음 배우고 문제 풀 때만 하는 것이 아닙니다. 문제를 풀고 잘 안 풀리는 경우에 다시 공부하는 것도 매우 중요합니다. 수학은 답이 중요한 것이 아니라 풀이 과정이 중요하니다. 답이 맞아도 불확실하게 답을 맞힌 경우도 상당히 많습니다. 이때 다시 해설지를 참고하면서 내용을 바로잡아야 할까요? 아니면 답이 맞았다고 해서 그냥 넘어가도 될까요? 다들 아시죠? 내용을 다시 공부해야 한다는 것을요!

오답 정리를 스스로 제대로 하는 학생은 별로 없습니다. 선생님이 억지로 시켜야 하거나 하려고 해도 어떻게 해야 하는지 잘 모릅니다.

오답은 크게 두 가지입니다.

① 문제집에서 나오는 오답
② 시험지에서 나오는 오답

1. 문제집을 풀 때는 책에 풀면 절대 안 됩니다. 문제가 틀렸을 때 다시 풀어야 하는데 풀이가 적혀 있으면 다음에 다시 풀 때 풀이가 보여서 안 됩니다. 수학 공부를 잘하는 학생은 절대 책에 풀이를 적지 않습니다. 또한 학생을 잘 가르치시는 선생님들은 절대 문제를 책에 풀게 하지 않습니다. 별도로 줄 친 노트에 풀게 해 채점합니다.

채점을 했을 때 틀린 문제가 나오면 문제에 틀린 날짜를 적고 풀어 본 다음에 반드시 해설지를 봐서 풀이를 보고 내가 틀린 부분을 파악해야 합니다. 이렇게 틀린 문제는 하루나 이틀 후에 다시 풀어서 또 틀리면 틀린 날짜를 적고 다시 풀어 봐야 합니다. 이러한 과정을 계속 반복해서 오답이 안 나올 때까지 공부합니다. 이과정이 두세 번 만에 끝날 수도 있지만 확실히 알 때까지 열 번을 반복해야 할 수도 있습니다.

2. 시험지의 오답은 시험지에 직접 풀이를 적을 수밖에 없습니다. 시험지의 문제를 파일로 작성할 수 있다면 선생님께서 틀린 문제만 파일로 만들어서 계속 풀게 해야 합니다.

오답 정리를 안 하면 어떤 일이 벌어질까요?

1. 구멍 난 개념을 메우지 않고 계속 가는 겁니다
2. 문제 풀이 유형을 제대로 모르고 가는 겁니다.
3. 문제의 조건에 맞는 개념들을 적용하는 방법을 모르고 가는 겁니다.

따라서 틀린 유형의 문제가 나오면 오답이 반복적으로 나올 수밖에 없고 수학은 점점 어려워지게 됩니다.

이번 방학,
선행 시킬까요?
후행 시킬까요?

MATHEMATICS

A3.

학습 방법에는 선행 학습과 후행 학습이 있습니다. 이를 줄여서 선행, 후행이라고 합니다. 선행이라는 용어는 많이 쓰지만 후행이라는 용어는 생소할 수도 있습니다. 말 그대로 선행의 반대, 이전 과정을 거꾸로 공부하는 것입니다.

부모님들은 자녀가 중학생이면 후행도 많이 하기를 재촉하십니다. 이번 학기 학교 성적이 잘 안 나와서 고민하실 때 방학을 이용해서 선행 대신 학기 중에 배운 내용을 다시 공부하라고 하시는 경우가 많습니다. 구멍이 있는 채로 선행을 이어 나가면 배워도 소용이 없다고 걱정을 하면서요. 제 경험으로 이 학생은 절대 수학 실력이 좋아지지 않습니다. 이러한 방법으로 수학을 공부하니 다른 학생들에게 뒤처지는 겁니다. 기초를 다져야 하는 저학년과 달리 중학생부터는 선행에 신경써야 합니다.

구멍은 모든 학생에게 다 있습니다. 구멍 없이 완벽하게 모든 것을 알고 다음 과정으로 넘어가는 것은 현실적으로 불가능합니다. 학부모님들께서는 자녀가 완벽하기를 원하십니다. 성취도가 70%이기만 해도 굉장한 성과입니다. 그런데 본인들은 100% 성취도를 올린 것도 아니면서 자녀는 100%가 되어야 한다고 말씀하십니다. 이렇게 투자하고 공부시키는데 100%가 안 되는 게 말이 되냐고들 하십니다.

100%를 원한다면 앞 과정으로 나아가면서 오답을 꼼꼼하게 공부해야 합니다. 이러면 후행 학습과 같은 효과를 볼 수 있습니다. 결론은 이미 배운 것을 처음부터 돌이켜 다시 하는 후행은 하지 말라는 것입니다.

후행을 하면 안 되는 이유가 있습니다.

첫째, 학생의 의욕을 꺾습니다.

얼마 전까지만 해도 시험 공부를 했던 내용을 다시 공부하려고 하니 재미가 없고 동기 유발이 되지 않습니다. 시간과 노력을 투자하지만 효과가 없습니다.

또 학원에서 후행 수업을 수강하게 되면 아래 학년의 학생들과 수업을 같이 들어야 합니다. 이것은 학생의 자신감을 완전히 빼앗는 것입니다. 그래서 학생이 열심히 안 합니다. 공부에 효과가 있으려면 학생의 노력이 필요한데 학생은 그저 시무룩할 뿐입니다.

그리고 학생들은 같은 강의를 들었을 때 아래 학년의 학생이 본인보다 성적이 더 잘 나오면 매우 자존심 상해하면서 수업을 받기 싫어합니다. 학교에서 마주치기라도 하면 곤란한 상황에 처합니다.

둘째, 시간 낭비입니다. 수학은 개념들이 계속 나옵니다. 그 개념은 바로 사용할 수도 있지만, 다른 형태로도 나오고 진화되어서도 나옵니다. 그래서 한 번 배운다고 완벽하게 다 잘 알 수는 없습니다. 배운 개념을 또 다지고 다지는 공부 방법이 바로 선행입니다. 새로운 개념들을 배우지만 문제 풀이는 여태 배운 개념들을 사용해서 합니다. 문제 풀이에 오답이 나오면 오답 풀이를 하면서 앞서 배운 개념들을 다시 공부합니다. 이 또한 후행 공부의 일부분입니다. 후행을 하려는 시간에 선행도 하면서 후행 개념 공부를 같이 하니 일석이조입니다.

하지만 그래도 후행을 해야만 하는 학생이 있습니다.

첫째, 외국에서 온 지 얼마 안 된 학생입니다.

외국에서 공부를 잘했다고 하더라도 한국에서 공부한 학생과는 공부 방법과 습관이 달라서 성취도가 안 좋습니다. 대체로 풀이 과정도 정리가 안 되어 있습니다. 이 학생들은 학년과 상황에 맞춰 후행 공부를 해야 합니다. 학원보다는 과외를 추천드립니다. 학원에는 이 학생들에게 맞는 강좌도 없을뿐더러 이 학생들은 개별 코칭를 강하게 해야 합니다. 또한 후행을 해야 하는 강좌가 상당히 많아서 빠른 속도로 공부를 해야 합니다.

둘째, 학교 공부를 전혀 안 해서 수학 시험 성적이 없는 경우입니다.

학교 공부를 전혀 하지 않은 학생이나 학교 성적이 아예 없는 학생은 선행을 할 수 없습니다. 할 수 없이 후행을 해야 하는데 교과 내용 이전에 공부 습관를 기르고 공부를 해야 하는 이유에 대한 동기부여를 하는 것이 더 시급할 수 있습니다. 저는 수포자가 없기를 바랍니다. 그러려면 학부모님과 선생님들께서 따뜻한 마음으로 잘 지도해 주셔야 합니다.

고난도 수학 문제에 도전하는 방법이 있나요?

MATHEMATICS

A4.

중등과 고등 과정에서 대표적인 고난도 문제는 아래와 같습니다.

중등과정

『쎈수학』C스텝

『블랙라벨』2스텝 일부와 3스텝

『고쟁이』3스텝

고등과정

『실력 수학의 정석』

『고쟁이』3스텝 문제

수능 모의고사 기출 4점 문제

　학교 내신 기간이 되면 저 원장과 강사 선생님의 의견 조율이
필요한 경우가 있습니다. 여기 대치 지역은 학교 시험문제가 어렵

기 때문에 난도가 높은 문제를 풀지 않고서는 절대 좋은 결과를 얻을 수 없습니다. 수학 성적이 썩 좋지 않은 학생에게 『블랙라벨』 3스텝 문제와 『고쟁이』 3스텝 문제를 풀게 하는 게 의미가 있을까요? 이 학생은 이 문제집의 3스텝 문제는커녕 2스텝 문제도 풀기 힘들 겁니다.

물론 어렵습니다. 그런데 어려운 문제를 풀 수 없으면 고만고만한 성적을 받게 됩니다. 학원에서 많은 시간을 써 가면서 어마어마하게 많은 문제를 푸는데 이 난도의 문제를 접하지 않고 넘어가서는 안 됩니다. 시험 준비는 학생의 실력에 맞춰서 하는 것이 아니라 시험 수준에 맞춰서 해야 합니다. 어려운 문제들을 당장은 풀수 없을지 몰라도, 문제 풀기에 도전하면 분명 달라지는 점이 있습니다.

어려운 문제를 접하고 문제를 푼 것과 아예 접해 보지도 않고 문제를 푼 것은 완전히 다릅니다. 평소에 어려운 문제로 공부를 하더라도 학교 시험 문제를 당장은 못 풀 수 있습니다. 하지만 실제로 이러한 문제가 나온다는 것을 알면 다음 시험에서는 이런 어려운 문제를 풀려고 시도하게 됩니다. 하지만 아예 접해 보지 못한 학생은 이런 문제가 어디에 있는지도 모릅니다. 공부할 기회가 없어지는 것입니다.

학교 시험 대비는 학생 실력에 맞춰서가 아니라 학교 시험 수준에 맞춰서 해야 합니다. 학생이 어려운 문제를 이해도 못 하고 어려워한다고요? 선생님이나 부모님의 역할은 학생이 이런 문제들을 이해하고 풀게끔 하는 것입니다. 어려운 문제도 배운 개념으로 푸는 것이지 다른 방법을 이용하는 게 아닙니다.

학생들이 뭘 모르고 어려워하는지 알면 어려운 문제를 푸는 것도 가능합니다. 배운 개념을 다시 확인하고 정리한 뒤에 이해되도록 설명해 주면 모든 학생이 다 압니다. 이때 물론 집중력도 중요합니다. 어려운 문제는 풀이도 깁니다. 학생에게 집중력을 키워 주려면 이해 안 되는 부분이 없도록 알기 쉽게 설명해 주면 됩니다. 수학을 잘 못하는 학생은 어느 한 부분이라도 이해가 안 되면 그 다음으로 나아가기가 어렵습니다.

학생 성적이 안 오르는 이유가 대체 뭘까 정리해 봤습니다.

첫째 수학을 못한다고 자기 학년 것만 공부하는 경우
둘째 수학을 못한다고 현 학생 수준에 맞는 문제만 공부하는 경우

절대 성적이 안 나오고 학생 실력이 좋아지지도 않습니다. 어려운 문제를 풀어야 실력이 좋아집니다.

그러면 고난도 문제를 어떻게 풀게 해야 할까요?

1. 학생들에게 동기부여를 해 주세요.

2. 전 단계에 고난도보다 조금 쉬운 문제들을 제대로 잘 풀어 놔야 합니다.

3. 해설지를 가까이 하도록 해 주세요. 네가 풀 수 있을 때까지 혼자 힘으로 풀어 보라고 하면 절대 안 됩니다.

4. 좋은 선생님을 붙여 주세요. (인강 선생님도 좋습니다.)

5. 문제에 연결된 개념을 정리하도록 해 주세요. 고난도 문제일수록 여러 개념이 사용됩니다. 개념의 순서를 정해 줘야 합니다. 그래야 순서대로 문제가 풀립니다.

6. 최소 다섯 번 이상 반복해서 풀어 보도록 합니다. (제한 시간은 두지 말아야 합니다.)

잘못된
수학 공부 습관
7가지

MATHEMATICS

A5.

"원장님, 우리 애는 다른 과목 공부는 안 하고 수학만 올인해서 공부해요. 그런데 왜 성적이 안 나오죠?"

"원장님, 우리 애는 왜 이렇게 실수를 많이 하죠?"

"원장님, 우리 애는 과정 없이 답만 맞아요. 괜찮은 건가요?"

학부모님들이 이런 질문을 많이 하십니다. 성적이 안 나오고 수학 실력이 향상되지 않는다는 것은 제대로 공부하지 않은 것입니다. 실수라고 말하는 것은 정확하게 알지 못해서 그렇습니다. 그렇다면 수학 실력을 올리는 수학 공부 방법은 무엇일까요?

수학을 열심히 공부하고 많은 시간을 들여 공부하는데 실력이 늘지 않으면 공부 습관을 체크해 봐야 합니다. 중학교 3학년만 돼도 공부 습관을 바꾸는 것이 매우 어렵습니다. 초등과정은 교과 내용이 많지 않으니 기본 습관만 다지게 해 주시고, 중등수학을 공부하기 시작할 때 올바른 방법으로 공부를 하도록 해 주셔야 합니다.

올바른 수학 학습 습관을 만드는 몇 가지 방법을 소개합니다.

1. 학교 수학 시간에 집중하기

학교 수학 시간에 졸거나 딴짓하는 학생들이 있는데 수학 시간에는 수학 공부를 해야 합니다. 다른 과목을 공부하면 집중이 안 됩니다. 학교 시험 문제는 바로 지금 수업하시는 선생님이 내십니다. 따라서 수업 시간에 많은 팁을 얻을 수 있습니다.

2. 학원 갔다 오면 숙제하기

보통 학원 갔다 집에 오면 그다음 날 가는 학원 숙제를 하기에 바쁩니다. 그래서 다음 수학 학원을 가기 바로 전에 숙제를 하는 학생이 많습니다. 그렇게 시간이 어느 정도 흐르면 학원에서 배운 내용들이 생각나지 않습니다. 다시 책을 보면서 공부하니 시간도 많이 걸리고 문제도 잘 안 풀립니다. 시간도 모자라서 숙제도 다 못 해 갑니다. 이런 악순환이 되풀이되면 학원 다니는 의미가 없습니다. 학원 갔다 오면 바로 학원에서 내 준 숙제를 해야 합니다. 그래야 선생님께 배운 내용이 생생해서 공부하기도 쉽고 문제도 수월하게 풀립니다. 시간이 많이 절약되고 효율적입니다.

3. 수학 풀이는 노트에(책에는 NO)

수학 문제를 책에 직접 푸는 학생이 있습니다. 노트에 풀어야 합니다. 책에 직접 푸는 학생은 오답 정리를 안 하는 학생입니다. 틀린 문제를 계속 풀어 봐야 하는데 책에 풀이가 있으면 오답 정리가 안 됩니다. 꼭 줄 친 노트에 풀이를 적어야 합니다.

4. 수학 문제 풀고 난 후 꼭 채점하기

수학 문제를 풀고 채점을 안 하는 학생이 많습니다. 맞았는지 틀렸는지 궁금해해야 합니다. 채점은 웬만하면 본인이 하는 것이 좋습니다. 틀린 문제가 나오면 본인 스스로 긴장하는 분위기를 만들어야 합니다. 문제집인 경우에는 틀린 문제에 틀린 날짜를 적고 오답이 안 나올 때까지 반복합니다.

5. 수학 문제 풀이는 연필로 하기

수학 문제를 풀 때는 볼펜이 아닌 연필로 풀어야 합니다. 그래야 틀리면 중간에 지우개로 수정할 수가 있습니다. 볼펜은 수정이 안 됩니다. 풀이를 정리해서 반듯하게 써야 하는데 볼펜으로 하면 쉽지가 않습니다. 꼭 지우개를 옆에 두고 연필로 풀게 해 주세요.

6. 내신 공부를 할 때 꼭 우리 학교 기출문제 많이 풀어 보기

모든 시험문제는 기출문제에 답이 있습니다. 기출문제는 등대와 같습니다. 최소한 3개년 기출문제는 꼭 풀어 봐야 합니다. 기출문제에서 같은 문제가 출제되지는 않습니다. 하지만 적어도 시험문제에 어떤 문제집이 적중하는지 파악할 수 있습니다. 빠르고 효과적인 방법으로 시험을 대비하는 것은 당연하므로 기출문제를 꼭 풀어 보길 권합니다.

7. 수학 문제를 읽지만 말고 풀기

수학 공부는 책상 앞에 앉아 있는 시간이 공부하는 시간이 아닙니다. 연필 들고 푸는 시간이 진짜 공부하는 시간입니다.

"우리 애는 몇 시간이고 책상에 앉아서 공부해요. 그런데 성적이 왜 안 나오죠?"

그 시간에 앉아만 있는 겁니다. 책에 눈을 두고 있는 것이지 머리를 써 가며 공부하는 게 아닙니다. 머리에 남는 공부를 하려면 손에 쥐고 있는 연필을 움직여야 하고, 그렇게 연필이 움직이는 시간이 바로 수학을 공부하는 시간입니다.

문제 푸는 속도가 느린 학생, 어떻게 해야 할까요?

MATHEMATICS

수학 문제는 빨리 풀어야 합니다. 천천히 풀면 안 됩니다. 그 이유는 단 한 가지입니다. 학교 시험과 수능 시험에 제한 시간이 있기 때문입니다. 보통 학교 시험은 25문항 내외를 50분 안에 풀고 마킹까지 해야 합니다. 수능 시험은 30문항을 마킹 시간까지 포함해서 100분 안에 풀어야 합니다.

시험 볼 때는 문제 풀고 검산까지 해야 좋은 성적이 나옵니다. 학교 시험과 수능 시험 모두 제한 시간 안에 문제를 다 풀고 검산하고 마킹까지 하기에는 매우 빠듯합니다. 그래서 평소에 수학 문제를 빨리 푸는 연습을 해야 합니다. 푸는 속도가 느리면 제한 시간 안에 다 못 풀어서 좋은 성적을 받기가 어렵습니다.

시험을 보고 나면 학생들이 꼭 하는 말 두 가지가 있습니다.

1. 실수로 많이 틀렸다.

2. 시간이 부족해서 아는 것도 많이 틀렸다.

아는 문제인데 시간 부족으로 못 풀면 얼마나 억울하겠습니까? 그래서 시간 내에 빨리 푸는 연습이 중요합니다.

그러면 수학 문제 푸는 속도가 왜 느릴까요?

1. 개념 공식을 잘 몰라서 고민하다가 시간이 많이 흘러갑니다.
2. 유형 문제 풀이가 아직 익숙하지 않아서 어떻게 푸는지 모릅니다.
3. 집중을 안 하는 경우입니다.
4. 천천히 푸는 습관이 몸에 밴 경우입니다.

어떻게 하면 빨리 푸는 습관이 생길까요?

1. 개념 정리를 확실하게 해야 합니다. 개념 공식을 정확하게 알고 있지 않으면 문제를 제대로 풀 수 없습니다.
2. 유형 문제 풀이 연습을 많이 해야 합니다. 유형 문제 풀이라는 것은 조건에 맞는 풀이 방법입니다. 유형 문제 풀이 연습을 많이 하면 조건에 따른 풀이가 바로 나올 수 있습니다. 이것은 개념과 공식을 바로 잘 적용한다는 의미입니다.
3. 타이머를 재 놓고 문제를 푸는 모의고사식 시험을 일주일에

최소 세 번 실시합니다.

느리게 푸는 습관을 고치려면 최소 하루에 한 번 타이머를 맞춰 놓고 모의고사를 실시하면 됩니다. 보통 30분에 15문항 정도를 타이트하게 연습해야 합니다. 문제의 난이도에 따라 제한 시간은 다르지만 학교 시험보다 더 빠듯하다는 생각으로 시간을 정하면 됩니다. 이러한 연습을 반복하면 확실히 문제를 빨리 푸는 습관이 생깁니다.

평소에 문제 풀 때 타이머를 재면서 푸는 연습을 하는 것도 좋습니다. 저학년은 학부모님들께서 집에서 타이머로 시간을 재 주시면 됩니다. 이때 문제 난이도에 따라서 30초, 1분, 1분 30초 등 30초 단위로 시간을 정하면 좋습니다.

4. 풀이 과정을 또박또박 쓰려고 연습하면 빨리 풉니다. 반대로 말한 거라고요? 풀이 과정을 또박또박 쓰면 시간이 더 걸리는 거 아닌가요? 아닙니다. 풀이 과정을 또박또박 잘 쓰면 오답이 덜 나오고 검산할 때 본인이 쓴 내용이 확인돼서 검산도 잘됩니다. 한번 해 보세요. 풀이 과정을 엉망으로 쓰는 학생이 절대 문제를 더 빨리 풀지는 않습니다. 오히려 검산할 때 본인이 푼 것을 알아보지

못해서 검산이 안 됩니다. 또한 계산 실수도 많아져서 결과가 매우

안 좋습니다.

혼공하는
수학 학습법

MATHEMATICS

A7.

수학은 혼자 공부해도 충분합니다. 학생이 스스로 혼자 공부하고자 하는 의지가 있으면 학원을 다니는 것보다 혼자 공부하는 것을 적극적으로 권장합니다. 아니 학원 운영하시는 원장님이 이런 말씀을 다 하시나 싶으시겠지만 진심입니다. 전 학생들이 다 수학을 잘하기를 바랍니다. 또 한 가지, 수포자가 없기를 바랍니다. 수학 성적을 올리는 것은 학원의 힘이 아닙니다. 비록 제가 학원을 운영하고 있긴 하지만 솔직히 말씀드리자면 오로지 학생의 의지와 추진력입니다. 그래서 저는 혼공하는 학생들을 응원합니다.

혼공하는 학생들을 위한 수학 공부 방법을 말씀드려 보려고 합니다.

1. 계획표를 잘 짜야 합니다.

혼공은 스스로 공부를 해야 하기 때문에 철저한 계획표가 필요합니다. 계획표는 1년 단위로 작성하고 1년은 네 시기로 구분해서 작성합니다. 학교생활을 기준으로 하면 좋습니다.

3월~7월 중순	1학기 기말고사 이후 ~ 여름방학	8월 중순~12월 중순	12월 기말고사 이후 ~2월 말
1학기	여름학기	2학기	겨울학기

크게 네 개의 영역으로 나눈 후에는 주간 진도 내용, 그다음에는 매일의 학습 내용을 적습니다. 주간 내용과 매일 학습 내용은 네 영역 중 시작할 때 그 구간에 해당하는 내용만 작성하면 됩니다.

계획표를 작성하지 않으면 방향을 잃을 가능성이 큽니다. 계획표는 내가 가야 할 길을 알려 주는 지도와도 같습니다.

2. 스스로 목표를 세워야 합니다.

공부를 왜 해야 하는지, 공부해서 나는 나중에 무엇을 할 것인지 곰곰이 생각해 보고 목표를 세워야 합니다. 혼자 공부하는 것이기 때문에 꾸준히 하는 나의 의지가 매우 중요합니다. 나는 학생이면서 동시에 선생님이기도 합니다. 내가 공부하지만 나를 채찍질하는 것 또한 바로 나입니다. 내가 나를 달래고 채찍질하기 위해서는 목표가 뚜렷해야 합니다. 그래야 자극을 받고 동기 유발이 됩니다. 목표가 있어야 공부도 재밌습니다. 아직 목표를 세우기엔 너무

이르다면 좋아하는 것부터 생각해 보세요.

3. 혼공할 때 힘든 점이 두 가지 있습니다.

첫째는 개념 공부가 쉽지 않다는 것입니다. 저는 혼공을 하더라도 개념 공부를 할 때만큼은 인강 수업을 꼭 들으라고 말합니다. 인강 수업도 가급적이면 학생들이 많이 듣는 인강 강사의 수업을 들으라고 합니다. 이왕 들을 거면 수업 잘하는 강사의 수업을 들어야 합니다. 많이 듣는 데는 다 이유가 있습니다. 개념 수업을 들을 때 꼭 강의를 들으라고 하는 것은 개념이 매우 중요하기 때문에 그렇습니다. 충분히 이해해서 알고 자세한 설명을 듣고 문제에 적용하는 방법을 배워야 합니다. 이것은 혼자 하기에 버거운 내용입니다.

둘째는 문제 풀이에서 오답이 나왔는데 해결이 잘 안 될 수 있습니다. 이때는 꼭 해설지를 참고해야 합니다. 해설지의 어느 부분이 막히는지, 어느 부분에서 다음 부분으로 넘어갈 때 이해가 안되는지 꼭 표시를 해 두어야 합니다. 해결하지 못한 것은 일단 표시하고 넘어갈 수밖에 없습니다. 도움을 받을 수 있다면 학교 선생님께 도움을 청해 보세요. 요즘에는 온라인으로 수학 질문을 해결해 주는 사이트나 어플을 활용해서 문제를 해결할 수도 있습니다.

이렇게 하면 학생들이 자기주도학습으로 더 철저히 공부하게 되면서 수학에 대한 역량이 더 커지는 경우도 많습니다.

4. 주기적으로 시험을 봅니다.

혼자 공부하면 현재 나의 성취도를 객관적으로 파악할 수가 없습니다. 따라서 공부를 한 후에는 항상 평가를 해야 합니다. 그래야 내가 어느 단원에 취약하고, 어느 개념에서 구멍이 나 있는지 확인할 수가 있습니다. 시험은 단원평가도 좋고 전 단원이 있는 모의고사도 좋습니다. 요즘은 온라인 사이트를 통해 문제들을 구매해서 시험을 볼 수 있습니다. 꼭 시간을 정해서 시험을 보는 것이 중요합니다. 그렇게 나의 현재 실력을 스스로 평가해 부족한 부분을 공부에 반영해야 합니다.

5. 고등학생은 필요한 자료가 부족한 경우가 생길 수 있습니다.

요즘은 온라인 사이트에서 구하려고 하면 구할 수 있으니 걱정하지 않아도 됩니다.

공부하는 사람은 바로 나 자신인 학생입니다. 혼자서 공부하면 더 철저히 공부할 수도 있습니다. 혼공은 좋은 공부 방법입니다.

학원을
오래 다녀도
성적이
안 오르는 이유

MATHEMATICS

학원을 다니는 목적은 수학 실력 향상입니다. 그런데 학원을 오래 다녀도 성적이 안 오르면 답답합니다. 무작정 학원을 바꿀 수도 없으니 고민이 많으실 겁니다. 학원을 다녔는데 성적이 안 오른다면 일단 전적으로 학원의 책임입니다. 학원의 역할은 오로지 학생의 실력 향상이 전부이기 때문입니다.

저도 학원을 운영하면서 당연히 제일 중점을 두는 부분은 학생의 실력 향상입니다. 강사분들 세미나 교육을 할 때도 학생을 지도하는 교수법, 생활 관리법, 상담하는 방법, 학생들이 공부하도록 학생 심리를 끌어올리는 방법을 교육합니다.

학원도 학생이 성적이 오르지 않으면 담당 선생님과 심도 있게 원인 분석을 하고 그 내용을 다시 학생을 지도하는 데 활용합니다.

일단 학생 성적이 왜 안 오르는지에 대해서 먼저 알아 보겠습니다.

1. 제일 큰 이유는 학생이 공부를 안 한 것입니다.

이때 이 사안을 잘 살펴보아야 합니다. 학원을 다녔는데 학생이 공부를 안 했다는 것은 선생님이 학생이 공부를 하도록 만들지 않았다는 뜻입니다. 일반적인 학생들은 스스로 열심히 공부를 하지 않습니다. 선생님 수업을 열심히 듣고 숙제 잘하고 공부 잘하도록 선생님이 잘 이끌어 주어야 하는데 선생님이 본인의 역할을 제대로 못 한 것입니다.

2. 학원을 갔다 오면 공부를 다 한 것처럼 뿌듯해하며 복습을 게을리하는 경우입니다.

학생들은 학원에서 수업을 들으면 다 배우고 다 아는 것처럼 여깁니다. 하지만 들은 것과 본인이 직접 푸는 것은 완전히 다릅니다. 학생들이 시험을 보고 나서 실수로 틀렸다고 말하는 것이 바로 이 부분입니다. 본인이 직접 풀지는 못하면서 수업으로 많이 본 문제라서 안다고 착각하는 것입니다. 직접 풀어 보니 안 풀리는데 눈으로 봤기 때문에 본인이 아는 것이라고 착각하고 실수로 틀렸다고 합니다. 반드시 내가 풀어서 확인을 하고 정답이 나와야 내가 확실히 아는 것입니다.

3. 선생님과 잘 맞지 않은 경우입니다.

학생들은 선생님이 좋아야 공부합니다. 무작정 공부를 열심히 하지는 않습니다. 선생님이 수업을 잘하고 나하고 코드가 잘 맞아야 공부를 합니다. 선생님이 나와 코드가 잘 안 맞으면 공부를 안 합니다. 그래서 선생님은 일단 수업을 열심히 잘해야 하고 학생들의 의견을 잘 들어 주고 내용이 합리적이라면 반영해야 합니다.

또 학생들은 빈틈없는 선생님을 좋아합니다. 숙제를 덜 해 왔는데도 그냥 넘어가는 선생님은 안 좋아합니다. 숙제 잘 안 해 오는 학생이 있으면 그다음에 학원에 오기 전까지 숙제 다 한 사진을 찍어서 보내라고 하면서 학원 오기 전날 밤 새벽까지 숙제한 내용을 사진으로 받아야 잠드시는 선생님을 존경하고 따릅니다. 학생의 성적을 올리려는 노력을 덜 하시는 선생님은 학생들이 잘 따르지 않습니다. 그러니 성적이 오를 수가 없습니다.

4. 학원을 지나치게 많이 다니는 경우입니다.

학부모님들께서는 학원을 많이 보내면 공부를 많이 하게 된다고 생각하십니다. 학원에서 수업을 받아도 집에서 공부하는 시간이 필수입니다. 집에서 공부하고 숙제하는 시간이 없으면 학생은 배운 내용을 소화할 수 없습니다. 특히 방학 기간에 이러한 일들이 많이 생깁니다. 방학특강 기간 초반에 숙제를 못 해 오는 학생은 틀림없이 학원 스케줄이 빡빡한 경우입니다. 집에서 공부할 수 있는 시간 여유를 주세요. 특히 수학은 공부하는 데 절대적인 시간이 많이 필요합니다.

5. 학원에서 제대로 관리를 안 해 주는 경우입니다.

관리는 수업 이상으로 중요합니다. 관리는 학생의 출결, 성적, 과제물 평가 등등입니다. 이러한 내용들을 학부모님께 실시간으로 고지해 드리고 공유해야 합니다. 학생이 현재 미진한 부분에 바로바로 대처하는 것이 학원의 임무입니다.

6. 학원에서 객관적 평가를 제대로 안 하는 경우입니다.

학원에서 상담하다 보면 이런 어처구니없는 일들이 종종 생깁니다. 입학 테스트를 실시할 때 성적도 안 좋고 공부 습관도 안 좋은 학생인데도 학부모님은 이런 말씀을 하십니다.

"전 학원에서는 우리 애가 잘한다는 말만 들었어요. 다 잘한다 잘한다고 하셨거든요. 그런데 성적이 왜 이렇죠? 진도도 왜 이 정도밖에 안 나간 거죠?"

제가 이렇게 묻습니다.

"그 학원에서 잘한다는 내용이 담긴 평가문이라든가 좋은 성적을 받은 자료를 직접 확인하셨나요?"

그러면 아무런 말씀을 못 하십니다. 그 학원은 학생이 못한다고 하면 학원을 그만둘까 봐 말만으로 잘한다 잘한다고 하고 객관적인 평가 자료를 안 준 케이스입니다. 매우 위험한 학원입니다.

학원을 다녀도 계속 성적이 안 나오는 경우에는 원인을 분석해 보고 다른 학원으로 옮겨야 합니다.

절대
가면 안 되는
학원 유형 3가지

MATHEMATICS

A9.

학원 선택 매우 중요하지요? 제가 학원을 운영하고 있는데 절대 가면 안 되는 학원 유형을 어떻게 알까요? 제가 말씀드리면서 과연 어떤 근거를 제시할까요? 저는 신입생 상담을 통해서 이런 내용을 알게 됩니다. '아, 이 학생은 이런 학원을 다녀서 지금 이렇게 망치고 말았구나.'

동시에 이런 생각을 합니다.

'아, 나는 이런 학원을 만들면 안 되겠구나. 나도 정신 차려야겠다.'

학부모님들도 학원을 선택했는데 다음과 같은 경험이 있으시면 주저하지 말고 그 학원에 그만 보내셔야 합니다. 학원 선택의 폭은 아주 넓습니다.

첫 번째, 시험을 안 보는 학원입니다.

학생은 시험이 있어야 공부를 합니다. 시험을 안 보면 공부를 안 해 옵니다. 숙제하는 것과 공부를 해 오는 것은 별개입니다. 숙제는 당연히 하는 것이고 공부는 숙제와 더불어 말 그대로 공부를 하는 것입니다. 숙제를 한다고 해서 그 문제를 다 아는 것이 아닙니다. 숙제를 하면서 내용을 공부해 와야 합니다.

시험을 보면 점수가 공개되고, 점수가 안 좋으면 보강을 한다거나 그에 맞는 어떤 조치를 취합니다. 하지만 시험이 없으면 숙제 평가로만 진행될 수밖에 없습니다. 숙제한 것만으로 내용을 아는지 모르는지 평가를 내리기는 어렵습니다.

시험을 보고 성적이 나오면 성적을 학부모님들께 당일에 바로 알려 드려야 합니다. 요즘은 학원 프로그램이 좋아서 선생님들께서 성적을 입력하고 엔터키만 누르면 학부모님들께 문자나 카톡 등으로 자동 전송됩니다. 반 평균과 반 석차까지도 다 나옵니다.

학원의 의무는 학생을 평가해서 학부모님들께 고지하는 것입니다. 이때 성적이 제일 중요합니다. 성적이 안 좋은 학생은 보강을 하거나 그에 맞는 조치를 취해서 성적을 끌어올려야 합니다. 시험 점수가 바로 그 기준이 됩니다.

"학생들이 학원에서 시험 보는 것을 좋아할까요? 아니면 싫어

할까요?"

의외로 학생들은 좋아합니다. 시험을 좋아하는 게 아니라 시험을 보니까 긴장감이 생기고 스스로 자신의 실력을 파악할 수 있어서 좋다고 합니다.

학원을 선택하실 때 시험이 있는지, 학원 갈 때마다 매일 시험을 보는지, 주에 몇 번을 보는지, 시험의 유형에는 어떤 것이 있는지 자세히 파악하셔야 합니다. 시험 유형이 다양하게 있는 학원이 아무래도 더 좋지 않을까요?

두 번째, 잘한다 잘한다고 칭찬만 하는 학원입니다.

이런 학원은 학부모님께 학생이 못한다고 말하고 낮은 점수를 받았다고 말씀드리면 학원에 안 보낼까 봐 학생의 현재 실력을 감추는 경우가 흔합니다. 이런 학원은 학생을 바로잡을 수 있는 기회를 계속 놓치게 하므로 반드시 피해야 합니다. 지각을 자주 하거나 숙제를 잘 안 해 올 때 학부모님이 미리 알면 집에서라도 챙길 텐데, 이런 학원에 다니면 학생의 상태를 모르는 채로 지나갈 가능성이 높습니다. 성취도가 낮은데도 학부모님은 전혀 모르게 되는 겁니다.

학원을 보냈는데 그저 학원에서 "학생이 잘합니다, 잘하고 있으니 걱정하지 마십시오" 이런 말만 한다면 잘하고 있는 성적이 표시된 자료를 보내 달라고 하세요. 물론 학생이 아주 잘해서 이런 이야기를 할 수도 있지만 그런 경우는 많지 않습니다. 잘하고 있는 자료를 바로 보내지 않으면 그 학원은 관리가 안 되고 있는 학원입니다.

세 번째, 담당 선생님이 감감무소식인 학원입니다.

학원 선생님이라면 학부모님께 최소 한 달에 한 번은 상담 전화를 하는 것이 기본입니다. 어느 학원이라도 강사 매뉴얼에 이렇게 적혀 있을 겁니다.

'최소 한 달에 한 번 상담 전화.'

그런데 우리 애 선생님은 상담 전화도 없고 먹통이다, 혹시 상담 전화가 오더라도 누구에게나 적용되는 기본적인 내용뿐이다, 이런 학원은 안 됩니다. 학원 선생님은 한 달에 한 번만이 아니라 학생에게 조금이라도 부족한 부분이 있으면 바로 학부모님과 상담을 해야 합니다. 학생이 학원에 다니고 학생이 공부하지만 뒤에는 학부모님이 계십니다. 학생, 학원, 부모님이 삼각형으로 균형을 이룰 때 학생의 공부 효율이 더 높아집니다.

중학수학 공부 방법
VS
고등수학 공부 방법

MATHEMATICS

A10.

대부분 학부모님께서는 우리 애가 고등수학을 빨리 시작했으면 하고 바라십니다. 중학수학과 고등수학은 천지차이입니다. 고등수학을 빨리 들어가려고 하기 전에 중등수학을 제대로 완결하는 것이 먼저입니다. 특히 중등수학을 상 파트, 일명 대수과정(1학년 1학기, 2학년 1학기, 3학년 1학기 과정)이라고 하는 이 과정이 잘되어 있어야 합니다. 당연히 하 파트, 일명 기하과정(1학년 2학기, 2학년 2학기, 3학년 2학기)도 공부가 다 되어 있어야 합니다.

중학수학과 고등수학을 다음 표로 정리해 보았습니다.

	중학수학	고등수학
주된 내용	연산과 도형	연산과 함수
문제 풀이 양	1	20~50
참고서 문제집 선택 기준	본인 수준에 맞는 문제집을 선택하면 됩니다.	본인 수준에 맞는 문제집이 아닌 시험 수준에 따른 문제집을 꼭 풀어야 합니다.

중요한 단원	함수 단원	수능의 중점 과정인 대수와 미적분1 단원
어려워하는 단원	중2-2 기하, 중3-1 인수분해, 활용 단원	공통수학2-도형 단원 대수-삼각함수 수열 단원
용도	중학교 내신+고등수학을 공부하기 위한 기초 내용	대입시 과목(내신 또는 수능 과목)
진도를 나가는 방법	개념 과정과 심화 과정을 하면 되고 학교 시험 기간에 심화문제 풀이를 하면 됩니다.	개념 심화 과정을 한 후에 공통수학1과 공통수학2는 내신 대비 문제 풀이 대수, 미적분1, 확통은 수능 대비 문제 풀이를 하면 됩니다.
중점 사항	기초를 튼튼하게 하고, 공부 습관을 제대로 들여야 합니다. 백지 테스트와 오답 관리를 특히 철저히 해야 합니다.	문제를 빨리 잘 풀어야 합니다. 많은 개념을 잘 정리해야 합니다. 어려운 문제를 잘 풀어야 합니다(개념과의 연결성과 문제에서 사용되는 개념을 잘 끄집어내서 사용해야 합니다). 오답체크를 철저히 해야 합니다.

중등수학은 과정별로 순서대로 공부하면 됩니다. 공부하다가 학기가 돼서 학교 시험이 있으면 내신 기간에 심화 문제까지 다루면 됩니다. 고등수학은 선행 수업을 하는 학생이라면 중학교 때 선행으로 개념 수업을 하게 됩니다.

고등수학은 다음의 세 개의 영역으로 나뉩니다.

● **개념 → 선행 수업**

● **내신 시험 대비 수업**

● **수능 대비 수업**

학생의 궁극적인 목표는 좋은 대학과 원하는 과를 가는 것입니다. 이것을 달성하기 위해서는 중등수학부터 차분히 공부해서 실력을 다진 뒤 고등수학으로 넘어가 좋은 결과를 얻도록 해야 합니다.

시험 기간 체크리스트 8가지

MATHEMATICS

A11.

시험 기간이 되면 풀어야 할 문제와 정리해야 할 문제가 많습니다. 보통 내신 집중 기간은 한 달이라고 생각하시면 됩니다. 시험 기간 중 체크리스트를 학생 본인이 직접 확인하면서 시험 공부를 해야 합니다.

체크리스트의 항목을 보겠습니다.

번호	항목	완료여부
1	학원에서 쓰는 시중 교재	
2	학원에서 쓰는 기출 교재	
3	교과서	
4	학교 기출문제(최소 5개년)	
5	학교 부교재 및 프린트	
6	테스트 오답	
7	교재 오답	
8	모의고사 실시(시간 재서)	

시험 기간에는 수학 과목만 공부하는 게 아니라 다른 과목도 공부해야 하는데, 수학은 평소에도 하지만 다른 암기 과목은 시험 집중 기간에 공부하는 경우가 많습니다. 그러다 보면 수학에서 빈틈이 생길 수가 있습니다. 다른 과목 선생님들은 언짢아하실 수도 있지만, 수학 과목이 제일 중요합니다. 수학 과목 점수가 안 나오면 다른 과목 점수가 아무리 좋아도 불안합니다. 시험 준비 기간에 집중해서 수학을 공부하면 더 나은 점수를 받을 수 있습니다.

체크리스트 항목 중에서 더 중요하고 덜 중요한 항목은 없습니다. 다 중요하고 한 가지라도 놓치면 안 됩니다. 이 체크리스트 항목을 다 완성하기 위해서는 그 전에 해 놓아야 할 것들이 있습니다. 일단 시험 범위에 해당하는 문제를 많이 풀어 놔야 합니다. 오답 정리를 하려고 해도 풀어 놓은 문제들이 있어야 할 수 있고 풀 수 있는 문제가 있어야 모의고사 풀이도 의미가 있습니다. 아는 문제가 없는 상황에서 모의고사 풀이를 하면 오답이 너무나 많습니다.

결론은 평소에 절대적인 수학 공부 양이 많아야 한다는 것입니다. 평소에 공부한 양이 많으면 시험 집중 기간에 풀어 놓은 문제들을 정리해서 공부하면 됩니다. 항상 시험 기간이 되면 후회되는 일이 생기고 놓치는 부분도 있습니다. 학생이 직접 챙기고 저학년이라면 학부모님들께서 챙겨 주실 때 시험에 보다 자신감을 가지게 될 수 있을 것입니다.

시험 보고 나서 "아 맞다, 교과서 안 풀었다", "기출문제 안 풀었다", "학교에서 나눠 준 프린트 안 풀었다", "오답 정리 제대로 안 했다" 하면서 후회해도 이미 결과는 나온 상황입니다.

시험 기간 체크리스트를 꼭 활용해 보세요. 책상 앞에 붙여 두시면 시험 기간에 공부해야 할 내용에 대한 확실한 방향을 제시해 줄 것입니다.

학년별 진도표를 보신 후 유튜브 <대치동 수학퀸 김현정> 영상을 참고하셔서 학생 속도에 맞게 조정하시기 바랍니다.

중1은 자유학기제로 학생이 다니는 학교의 학사일정을 참고하시기 바랍니다.

각 과정마다 개념서+문제집 각각 한 권을 택하시면 됩니다.

	중등과정	고등과정
개념서	개념원리 or 숨마쿰라우데	기본 정석 or 실력 정석
문제집	쎈, 고쟁이, 블랙라벨(수준에 맞게 선택)	쎈, RPM, 블랙라벨(수준에 맞게 선택)

학년별 수학 1등급 로드맵

초6 수학 로드맵

현행 진도	초6			중1			
	여름	2학기	겨울	1학기	여름	2학기	겨울
초6-1	초6-2	중1-1	중1-1심화	중1-2	중1-2심화	중1-2내신 +중2-1	중2-1 심화
초6-2	중1-1	중1-1심화	중1-2	중1-2심화	중2-1	중1-2내신 +중2-1심화	중2-2
중1-1	중1-1심화	중1-2	중1-2심화	중2-1	중2-1심화	중1-2내신 +중2-2	중2-2 심화
중1-1 심화	중1-2	중1-2심화	중2-1	중2-1심화	중2-2	중1-2내신 +중2-2심화	중3-1
중1-2	중1-2심화	중2-1	중2-1심화	중2-2	중2-2심화	중1-2내신 +중3-1	중3-1 심화
중1-2 심화	중2-1	중2-1심화	중2-2	중2-2심화	중3-1	중1-2내신 +중3-1 심화	공통 수학1
중2-1	중2-1 심화	중2-2	중2-2 심화	중3-1	중3-1 심화	중1-2내신 +공통 수학1	공통수학1 심화

중2				중3			
1학기	여름	2학기	겨울	1학기	여름	2학기	겨울
중2-1내신 +중2-2	중2-2심화	중2-2내신 +중3-1	중3-1심화 +공통수학1 +중3-2	중3-1내신 +공통수학1 심화	공통수학2	공통수학2 심화 +대수	공통수학1 (고1내신대비) 대수심화 +미적분1
중2-1내신 +중2-2심화	중3-1	중2-2내신 +중3-1심화	중3-2 +공통수학1	중3-1내신 +공통수학1 심화	공통수학2	공통수학2 심화 +대수	공통수학1 (고1내신대비) 대수심화 +미적분1
중2-1내신 +중3-1	중3-1심화	중2-2내신 +공통수학1	중3-2 +공통수학1 심화	중3-1내신 +공통수학2	공통수학2 심화	대수 +대수심화	공통수학1 (고1내신대비) +미적분1
중2-1내신 +중3-1심화	공통수학1	중2-2내신 +공통수학1 심화	중3-2 +공통수학2	중3-1내신 +공통수학2 심화	대수	대수심화 +미적분1	공통수학1 (고1내신대비) +미적분1심화 +확통
중2-1내신 +공통수학1	공통수학1 심화	중2-2내신 +공통수학2	중3-2 +공통수학2 심화	중3-1내신 +대수	대수 심화	미적분1 +미적분1 심화	공통수학1 (고1내신대비) +확통
중2-1내신 +공통수학1 심화	공통수학2	중2-2내신 +공통수학2 심화	중3-2 +대수	중3-1내신 +대수심화	미적분1	미적분1 심화	공통수학1 (고1내신대비) +확통
중2-1내신 +공통 수학2	공통수학2 심화	중2-2내 신+대수	중3-2 +대수 심화	중3-1내신 +미적분1	미적분1 심화	공통수학 1,2 문제 풀이	공통수학1 (고1내신대비) +대수, 미적 분1문제풀이

중1 수학 로드맵

현행 진도	중1			중2	
	여름	2학기	겨울	1학기	여름
중1-1	중1-2	중1-2내신 +중2-1	중2-1심화 +중2-2	중2-2심화+중2-1 내신	중3-1
중1-2	중1-2 심화	중1-2내신 +중2-1 +중2-1심화	중2-2 +중2-2심화	중3-1 +중2-1내신	중3-1심화
중1-2 심화	중2-1	중1-2내신 +중2-1심화	중2-2 +중2-2심화	중3-1 +중2-1내신	중3-1심화
중2-1	중2-1 심화	중1-2내신 +중2-2	중2-2심화 +중3-1	중3-1심화+중2-1 내신	공통수학1
중2-1 심화	중2-2	중1-2내신 +중2-2심화	중3-1 +중3-1심화	공통수학1 +중2-1내신	공통수학1심화
중2-2	중2-2 심화	중1-2내신 +중3-1	중3-1심화 +중3-2	공통수학1 +중2-1내신	공통수학1심화
중2-2 심화	중3-1	중1-2내신 +중3-1심화	공통수학1 +중3-2	공통수학1심화 +중2-1내신	공통수학2

220

		중3			
2학기	겨울	1학기	여름	2학기	겨울
중3-1심화 +중2-2내신	공통수학1 +중3-2	공통수학1심화 +중3-1내신	공통수학2	공통수학2 심화+대수	대수심화+미적분1 +공통수학1 고1내신
공통수학1 +중2-2내신	공통수학1심화 +중3-2	공통수학2 +중3-1내신	공통수학2 심화	대수 +대수심화	미적분1 +공통수학1 고1내신
공통수학1 +중2-2내신	공통수학1심화 +중3-2	공통수학2 +중3-1내신	공통수학2 심화	대수 +대수심화	미적분1 +공통수학1 고1내신
공통수학1심화 +중2-2내신	공통수학2 +중3-2	공통수학2심화 +중3-1내신	대수	대수심화 +미적분1	미적분1심화 +공통수학1 고1내신
공통수학2 +중2-2내신	공통수학2심화 +중3-2	대수 +중3-1내신	대수심화	미적분1 +미적분1심화	확통 +공통수학1 고1내신
공통수학2 +중2-2내신	공통수학2심화	대수 +중3-1내신	대수심화	미적분1 +미적분1심화	확통 +공통수학1 고1내신
공통수학2심화 +중2-2내신	대수	대수심화 +중3-1내신	미적분1	미적분1심화	확통 +공통수학1 고1내신

중2 수학 로드맵

현행진도	중2		
	여름	2학기	겨울
중2-1	중2-2	중3-1+중2-2내신	중3-1심화 +공통수학1+중3-2
중3-1	중3-1심화	공통수학1 +중2-2내신	공통수학1심화 +중3-2
중3-1심화	공통수학1	공통수학1심화 +중2-2내신	공통수학2 +중3-2
중3-2	공통수학1	공통수학1심화 +중2-2내신	공통수학2
공통수학1	공통수학1심화	공통수학2 +중2-2내신	공통수학2심화
공통수학1 심화	공통수학2	공통수학2심화 +중2-2내신	대수
공통수학2	공통수학2심화	대수+중2-2내신	대수심화

중3			
1학기	여름	2학기	겨울
공통수학1심화 +중3-1내신	공통수학2	공통수학2심화 +대수	대수심화+미적분1 +공통수학1 고1내신
공통수학2 +중3-1내신	공통수학2심화	대수+대수심화	미적분1 +공통수학1 고1내신
공통수학2심화 +중3-1내신	대수	대수심화+미적분1	미적분1심화 +공통수학1 고1내신
공통수학2심화 +중3-1내신	대수	대수심화+미적분1	미적분1심화 +공통수학1 고1내신
대수+중3-1내신	대수심화	미적분1 +미적분1심화	확통 +공통수학1 고1내신
대수심화 +중3-1내신	미적분1	미적분1심화+확통	선택 +공통수학1 고1내신
미적분1 +중3-1내신	미적분1심화	확통+선택	선택 +공통수학1 고1내신

중3 수학 로드맵

현행진도	중3		
	여름	2학기	겨울
중3-1	공통수학1	공통수학2+공통수학2심화	대수+미적분1+공통수학1심화 (고1 1학기내신대비)
공통수학1	공통수학1심화	공통수학2+공통수학2심화	대수+미적분1+공통수학1심화 (고1 1학기내신대비)
공통수학1 심화	공통수학2	공통수학2심화+대수	대수심화+미적분1+공통수학1심화 (고1 1학기내신대비)
공통수학2	공통수학2심화	대수+대수심화	미적분1+공통수학1심화 (고1 1학기내신대비)
공통수학2 심화	대수	대수심화+미적분1	미적분1심화+확통+공통수학1심화 (고1 1학기내신대비)
대수	대수심화	미적분1+미적분1심화	확통+선택+공통수학1심화 (고1 1학기내신대비)
대수심화	미적분1	미적분1심화	확통+선택+공통수학1심화 (고1 1학기내신대비)
미적분1	미적분1심화	확통+선택	선택+공통수학1심화 (고1 1학기내신대비)

고1			
1학기	여름	2학기	겨울
고1 공통수학1내신	대수심화+공통수학2심화 (고1 2학기내신대비)	고1 공통수학2내신	대수심화 (고2 1학기내신대비) +미적분1심화
고1 공통수학1내신	대수심화+공통수학2심화 (고1 2학기내신대비)	고1 공통수학2내신	대수심화 (고2 1학기내신대비) +미적분1심화
고1 공통수학1내신	공통수학2심화 (고1 2학기내신대비)+선택	고1 공통수학2내신	대수심화 (고2 1학기내신대비) +미적분1심화
고1 공통수학1내신	공통수학2심화 (고1 2학기내신대비)+선택	고1 공통수학2내신	대수심화 (고2 1학기내신대비) +선택
고1 공통수학1내신	공통수학2심화 (고1 2학기내신대비)+선택	고1 공통수학2내신	대수심화 (고2 1학기내신대비) +선택
고1 공통수학1내신	공통수학2심화 (고1 2학기내신대비)+선택	고1 공통수학2내신	대수심화 (고2 1학기내신대비) +선택
고1 공통수학1내신	공통수학2심화 (고1 2학기내신대비)+선택	고1 공통수학2내신	대수심화 (고2 1학기내신대비) +선택
고1 공통수학1내신	공통수학2심화 (고1 2학기내신대비)+선택	고1 공통수학2내신	대수심화 (고2 1학기내신대비) +선택

고1 수학 로드맵

현행진도	고1			
	1학기	여름	2학기	겨울
수학상	고1 수학상내신	수학하	고1 수학하내신	수학1+수학2+수학1심화 (고2 1학기내신대비)
수학하		수학1 +수학하심화 (고1 2학기내신대비)		수학2 +수학1심화 (고2 1학기내신대비)
수학1		수학2 +수학하심화 (고1 2학기내신대비)		미적분 +수학1심화 (고2 1학기내신대비)
수학2		선택+수학하심화(고1 2 학기내신대비)		미적분 +수학1심화 (고2 1학기내신대비)
미적분		선택+수학하심화(고1 2 학기내신대비)		선택 +수학1심화 (고2 1학기내신대비)

226

고2				고3
1학기	여름	2학기	겨울	
고2 수학1내신	미적분+수학2심화 (고2 2학기내신대비)	고2 수학2내신	미적분심화 +수학1,수학2 수능대비 문제풀이	미적분내신 및 3월 6월 9월 모의고사에 맞춰 수능 문제풀이
	미적분+수학2심화 (고2 2학기내신대비)			
	선택 +수학2심화 (고2 2학기내신대비)			
	선택 +수학2심화 (고2 2학기내신대비)			
	선택 +수학2심화 (고2 2학기내신대비)			

227

명문 대학으로 가는 최상위 수학 공부 전략

수학 1등급 로드맵

초판 1쇄 발행 2024년 6월 4일
초판 4쇄 발행 2024년 7월 15일

지은이 김현정
디자인 표지 섬세한 곰 본문 박재원
교정교열 김정현

펴낸곳 브리드북스 | 펴낸이 이여홍
출판등록 제 2023-000116호(2023년 10월 11일)
주소 서울시 마포구 토정로 222 306호
이메일 breathebooks23@naver.com

ISBN 979-11-985453-2-9(03370)

• 책값은 뒤표지에 있습니다.
• 파본은 구입하신 서점에서 교환해드립니다.
• 이 책은 저작권법에 의하여 보호를 받는 저작물이므로 무단 전재와 복제를 금합니다.